# Macht und Ohnmacht auf den Philippinen



WV

# Macht und Ohnmacht auf den Philippinen

## Kirche der Befreiung als einende Kraft

Herausgegeben von
Fritz Köster und Paul M. Zulehner

Walter-Verlag
Olten und Freiburg im Breisgau

Satz: Jung, Lahnau
Druck und Einband: Grafische Betriebe
des Walter-Verlags
Printed in Switzerland

ISBN 3-530-54351-9

# Inhalt

# Vorwort

Am 25. Februar 1986 ging auf unblutige Weise die in ihrer letzten Phase blutige Marcos-Diktatur zu Ende. Den Anlaß hatten offenkundige Manipulationen bei der Präsidentenwahl gegeben. Die katholische Kirche war bei diesem Schritt von der Diktatur zur Demokratie maßgeblich beteiligt. Sie hatte zu zivilem Ungehorsam und gewaltlosem Widerstand aufgerufen. Menschenmassen, unter ihnen viele Christen und darunter wiederum Ordensfrauen und Priester, verhinderten mit ihren ungeschützten Körpern, daß die Rebellion des Verteidigungsministers Juan Ponce Enrile und des amtierenden Generalstabschefs Fidel Ramos mit Gewalt niedergeschlagen werden konnte. Marcos mußte aufgeben und das Land verlassen. Die Spannung der wenigen Tage entlud sich in einem Freudentaumel.

Ich selbst habe diese bewegenden Ereignisse mit großer innerer Anteilnahme während der zweiten Sitzungsperiode der Synode der Diözese Rottenburg-Stuttgart mitverfolgt; diese tagte in der Woche vom 22.–28. Februar 1986 in Rottenburg unter dem Vorsitz von Bischof Dr. Georg Moser. Viele Bilder stiegen in diesen Tagen in mir auf, die sich in meiner Erinnerung während einer Reise auf den Philippinen im Februar 1982 festgemacht hatten. Wir waren damals eine kleine Reisegruppe gewesen, die (erweitert durch Peter Neuner, der ein Jahr später auf den Philippinen gewesen war, sowie durch Bischof Julio Labayen aus Infanta) zu den Autoren dieses Buches gehören: Lea Ackermann, Fritz Köster, Eduard Puffer und ich. Hauptziel der Reise war die Prälatur Infanta, welcher seit 25 Jahren (so alt ist sie) Bischof Labayen vorsteht. In den Sinn kam mir während der aufregenden letzten Tage der Marcos-Diktatur Schwester Marianne. Sie leitete das von der Vereinigung der Orden eingerichtete Büro für politisch Gefangene. In

diesem Büro wurden die Namen und Schicksale von Verfolgten, Inhaftierten, Gefolterten und Verschwundenen gesammelt, und dies, um ihnen durch ein wenig Öffentlichkeit mehr Schutz zu verschaffen. Ich erinnerte mich an Frau Hildegard. Ein halbes Jahr war sie eingesperrt und bedrängt, weil sie dem evangelischen Pastor Schmitt Post nach Europa mitgeben wollte. Schmitt war aber kurz zuvor verhaftet worden, der kommunistischen Umtriebe verdächtigt. Wer ihn in den folgenden Tagen aufsuchte, wurde als möglicher Komplize gleichfalls eingesperrt. Ich dachte an die Katechistinnen in Manila und an den warmen Abend, an dem wir im Hof ihres Hauses Gottesdienst feierten. Wir lasen in der Bibel über die Feindesliebe. Wir, die europäischen Besucher, fragten unsere Gastgeber, wie sie es mit den Reichen und den Unterdrückern hielten. Und sie teilten uns ihre gläubige Hoffnung mit, es möge ihnen gelingen, die Reichen und Mächtigen zu bewegen, wie die Kirche auch ihrerseits eine Option zugunsten der Unterdrückten und Armen im Volk zu treffen. Und während wir den eucharistischen Lobpreis anstimmten, fielen in der Umgebung Schüsse.
Dieser Leidensweg nicht nur des philippinischen Volkes, sondern auch vieler christlicher Brüder und Schwestern in ihm, geht nun hoffentlich zu Ende. Die Kirche hat dabei eine mutige Rolle gespielt. Sie hat viele Menschen in langjähriger geduldiger Kleinarbeit befähigt, ihre mißliche Lage einzuschätzen und selbst Verantwortung für deren Veränderung zu übernehmen. «Mit uns, ohne uns oder sogar gegen uns wird das Volk erwachen», so steht auf einem Plakat, das im kirchlichen Umfeld entstanden ist und das mich seitdem im Wiener Institut für Pastoraltheologie an die Praxis der Befreiung dieser mutigen Kirche auf den Philippinen erinnert.
Am 26. 2., einen Tag nach dem umjubelten Tag des Endes der Diktatur, richtete Bischof Dr. Georg Moser im Namen

der Synode aus Rottenburg folgende Grußadresse an den Kardinal Jaime Sin in Manila:

*Eminenz,*
*hochwürdigster Herr Kardinal Sin!*

*Mit großer Erleichterung und Freude hat die unter meinem Vorsitz tagende Synode der Diözese Rottenburg-Stuttgart die Nachricht aufgenommen, daß Ihr Land, die Philippinen, auf unblutigem Weg die Freiheit erringen konnte. Die Kirche Ihres Landes hat dabei, unter Ihrer Führung, eine mutige Rolle gespielt. Viele Schwestern und Brüder waren in den letzten Jahren Opfer der Militarisierung und der wirtschaftlichen Gewalt geworden. Dennoch ist Ihre Kirche nie vom Weg der Gewaltlosigkeit abgewichen.*
*Wir werden Ihnen auch in den kommenden, gewiß nicht leichten Tagen auf dem Weg Ihrer Verantwortung und der Festigung menschenwürdiger Verhältnisse für das ganze Volk in Ihrem Land in unseren Gebeten verbunden sein.*
*Wir bitten Sie, Herr Kardinal, Ihren Schwestern und Brüdern in der Kirche auf den Philippinen von unserer herzlichen Verbundenheit zu berichten.*

*Mit tiefer Hochachtung und brüderlichen Grüßen,*

*Dr. Georg Moser, Bischof.*

Dieser Text war nicht ohne Schwierigkeiten zustande gekommen. Der (von mir einvernehmlich mit dem Bischof) eingebrachte Textentwurf hatte nämlich eine zwar kurze, aber emotional hochgeladene und für die Diskussion um die Praxis der Befreiung in Deutschland nicht untypische Diskussion entfacht. Diese hatte sich an der Aussage des Entwurfs entzündet, daß die Kirche auf den Philippinen durch ihre mutige Rolle auf dem Weg der Freiheit und durch ihr beharrliches Festhalten an der Gewaltlosigkeit auch für die Diözese bedeutsam wurde: «Sie haben auch unserer Diözese ein leuchtendes Zeugnis eines politischen Handelns einer Kirche gegeben, die sich tief im Herrn unserer Kirche, Jesus Christus, verwurzelt weiß», so hieß es im eingebrachten Textentwurf. Dazu ein Synodale wörtlich: «‹Das leuchtende Zeugnis für unsere Diözese›: Meine Damen und Herren, dieser Satz steht drin. So geht das nicht. Ich habe Verantwortung zu übernehmen für meine eigenen Kinder, für die Jugend, vor der ich nun dreißig Jahre täglich stehe. Der Transfer, daß sich Kirche nun hier politisch eindeutig betätigt, ist nicht von der Hand zu weisen. Wir müssen uns da stellen, auch zur Argumentation. Wir haben in unserem öffentlichen Leben immer wieder die Begriffe ‹die Reichen›, ‹die Mächtigen›, ‹die Armen›. Dies sind Ausdrücke der Konfrontation, der Polarisierung und der Begriffsverwirrung. Diese nun gemeinsam ausgesprochene Solidarisierung mit diesem Vorgang halte ich für bedenklich. Aus diesem Grund kann ich meine Unterschrift dazu nicht geben.» Und ein Prälat stieß unter Berufung auf den in Kirchenkreisen ansonsten nicht beliebten «Spiegel» nach: «Dieser Text wird politisch mißbraucht werden. Dem können wir nicht vorbeugen. Daß wir dem neuen Regime bestätigen, daß es die Freiheit gebracht hat, ist das, was ich Blankovollmacht nenne. Der Abusus des Papiers findet statt und hat politische Effekte. Natürlich: Ich bewundere diese Bischöfe und halte es, wie gesagt, für einen Modellfall. Man probiert das mal aus, wie das ist, wenn die Kirche eine Intervention vornimmt. Intervention ist ein durchgreifender Terminus. Er greift unmittelbar zur Veränderung z. B. eines Regimes ein. Das muß sozusagen durchgespielt werden. Wir sollten dazu nicht applaudieren. Das ist ... entsetzlich, was da geschehen ist. Ob das anders wird, wissen wir nicht. Die Kommunisten liegen auf den Philippinen auf Lauer, wie man weiß. Und wir geben die Approbation. Das ist meine Sorge.»

In der Tat, die befreiende Praxis der Kirche auf den Philippinen ist – auf dem Hintergrund unserer vermeintlich unpolitischen Kirche in Europa – ungewöhnlich. Es ist für viele auch gefährlich, für unsere Kirche in Europa Folgerungen zu ziehen, also die Praxis der Befreiung für uns als «leuchtendes Zeugnis» zu beschreiben. Und bei uns lauert im Hintergrund zwar nicht der Kommunismus, aber die Kommunismusangst. Dabei wird übersehen, daß die mutige Praxis der Kirche der wohl einzige Ausweg war, um die Philippinen nicht noch mehr in die Arme des Kommunismus zu treiben.
Nach der erregten Debatte suchte ich das Gespräch mit dem Prälaten. Ob er die Verhältnisse aus erster Hand kenne oder dort gewesen sei. Er war über diese Frage in lautstarker Weise ungehalten. Dies ist die Schwäche vieler: Sie reden ohne Betroffenheit. Betroffenheit entsteht aber, so habe ich auf meiner Reise gelernt, durch «immersion», durch das Eintauchen in die Lage des anderen. Meine Freunde und ich, die wir zusammen dieses Buch herausbringen, haben nach unserer Reise erlebt, wie zwar nicht die volle, aber eine erste Betroffenheit dann gewachsen ist, wenn wir anderen von unseren Erfahrungen erzählt haben. Eben dies erhoffen wir auch von diesem Buch. Es erzählt von der Praxis der Befreiung auf den Philippinen. Im Mittelpunkt steht dabei eine erst fünfundzwanzigjährige Prälatur (was soviel ist wie eine Diözese während der Schwangerschaft): Infanta und ihr Bischof Julio Labayen. Wir hoffen, daß es uns mit dem Buch gelingt, der Kirche auf den Philippinen und ihrer mutigen Praxis der Befreiung weitere Freunde zu gewinnen. Zugleich bleibe ich bei meiner Einsicht, daß uns die Kirche auf den Philippinen durch die befreiende Praxis ein leuchtendes Zeugnis gegeben hat. Wofür wir ihr danken.

Rottenburg, den 26. 2. 1986 Paul M. Zulehner

# Die Situation auf den Philippinen

## Eine schockierende Entwicklung

Von Lea Ackermann

Das Inselreich der Philippinen, insgesamt 7100 Inseln, ist seit ungefähr 500 Jahren Ziel verschiedenster Interessen gewesen und bis heute geblieben. Die Philippinos sagen über ihre eigene Geschichte, daß sie das Unglück hatten, viermal «befreit» zu werden. Das erstemal durch die Spanier, die sie aus der Macht der Finsternis befreiten – gemeint ist deren Missions- und Christianisierungswerk. Als nächstes kamen die Amerikaner und befreiten aus spanischer Unterdrückung (1898). Die Japaner gaben vor, vom amerikanischen Imperialismus zu befreien, und die Amerikaner wiederum vom japanischen Faschismus. Nach jeder der genannten Befreiungen sahen sich Volk und Land von fremden «Wohltätern» besetzt bzw. in Abhängigkeit gehalten.[1]

Jedesmal versuchte das Volk, Widerstand zu leisten. Aus seinem Kampf, der fast 500 Jahre dauerte, ist es mit vielen Wunden hervorgegangen. Aber die Interessen fremder Mächte blieben. In unserer Zeit ist der Massentourismus hinzugekommen. Jährlich fliegen Tausende von Deutschen und anderen auf die Philippinen, weil das Land so märchenhaft schön und die Menschen so unbeschreiblich liebenswert und gastfreundlich sind. Betrachtet man den Charakter und das Erscheinungsbild dieser Menschen etwas näher, so stellt sich einem tatsächlich die Frage, wieso das philippi-

nische Volk sein Lächeln nicht verloren hat? Denn schließlich hat es schrecklich leidvolle Erfahrungen gemacht.
Auf dem Hintergrund seiner Geschichte ist zu verstehen, was sich heute auf den Philippinen abspielt. Weil ungefähr 90% der Bevölkerung Christen sind, ist die Frage nicht unwichtig, welche Position und Rolle die christlichen Kirchen eingenommen haben und heute vertreten. Die politische und wirtschaftliche Krise ist gegenwärtig für wenigstens 80% der Bevölkerung ins Unerträgliche eskaliert. Den Schrei der Armen wollte Präsident Marcos mit Waffen und zunehmender Militarisierung unterdrücken – ein Tatbestand, der für viele engagierte Christen und kirchliche Institutionen mehr und mehr zu einer Herausforderung geworden ist. Immer öfter und lauter war die Frage zu hören: Auf welcher Seite steht die Kirche? Auf der Seite der Mächtigen, der Diktatur von Marcos und seiner Gesinnungsgenossen, oder auf der Seite der Masse der Armen und Entrechteten? Die Kirche war nicht einstimmig und eindeutig in ihrer Antwort. Der größte Teil der kirchlichen Hierarchie baute auf die nationale Wiederversöhnung, was praktisch einer Unterstützung der Führer der Opposition gleichkam. Die Erfahrung aber hat gezeigt, daß damit die Interessen des Volkes, der Armen und Unterdrückten, noch nicht wahrgenommen wurden. So kam es, daß eine immer größer werdende Zahl von kirchlichen Persönlichkeiten, engagierte Christen, Ordensschwestern, Priester und einzelne Bischöfe, bewußt auf die Seite des Volkes getreten sind und dessen Opposition unterstützten. Sie hatten die Zeichen der Zeit erkannt, indem sie den Kampf des unterdrückten und ausgebeuteten Volkes mitverantworteten, oft mit allen persönlichen Konsequenzen, die Gefängnis, Folter und Mord nicht ausschlossen. Heute hat sich bestätigt, daß sie recht hatten. Die katholische Bischofskonferenz unter Kardinal Jaime Sin hat sich eindeutig gegen das Markos-Regime auf die Seite des Volkes gestellt.

Um all das besser zu verstehen, muß zunächst etwas über die Geschichte gesagt werden.

# Die Geschichte der Kirche auf den Philippinen

## I. Die Eroberung durch die spanische Kolonialmacht

Die Geschichte der Kirche auf den Philippinen ist eng verwoben mit der Geschichte der Kolonisierung. Spanien und Portugal waren 1492 in einen Entdeckungswettstreit geraten. Um Kriege zu vermeiden, erwirkten die spanischen Könige Isabella und Ferdinand bei Papst Alexander VI. die Anerkennung und Besitzrechte auf die neuentdeckten Gebiete. Das war notwendig geworden, da Papst Eugen IV. 1443 alle eroberten und noch zu erobernden Inseln der portugiesischen Christusmiliz zuerkannt hatte. Die Christusmiliz war eine Gemeinschaft portugiesischer Ritter, die sich nach Aufhebung des Templerordens zusammengetan hatte. Sie hatte sich zum Ziel gesetzt, die Herrschaft des Islam zu brechen.[2]

Papst Alexander VI. zog eine Demarkationslinie hundert Meilen westlich der Azoren und Kapverdischen Inseln. 1494 wurde diese imaginäre Linie auf Betreiben Portugals 270 Meilen weiter nach Westen gerückt. Alle Gebiete östlich der Linie sollten Portugal gehören, westlich liegende Gebiete den Spaniern. Die sogenannte «Alexandrian Donation» teilte so die Welt zwischen Spanien und Portugal zur Entdeckung, Kolonisierung und Christianisierung auf. Trotzdem entzündete sich ein langwährender Streit um eine geeignete Demarkationslinie. Von Mexiko aus annektierten die Spanier die Philippinen, die eigentlich zum portugiesischen Eroberungsgebiet hätten gehören müssen. Die Bulle Alexanders VI. wurde als Geschenk und nationales Missionsmonopol angesehen. Als Gegenleistung für diese Donatio übernahmen die Könige die Verpflichtung, für die Ausbreitung des christlichen Glaubens zu sorgen. Konkret bedeutete dies, daß alle auslaufenden Eroberungsschiffe Soldaten wie auch Missionare mit sich führten, für deren Unterhalt der König Sorge trug. Mit der Verpflichtung bekam er auch Rechte, z. B. das Recht, Diözesen zu errichten und alle kirchlichen Amtsträger (Benefiziaten) einschließlich der Bischöfe zu ernennen.

So unterstanden der Klerus (Missionare) und die Bischöfe in Spanien und in den neuen Gebieten der Oberhoheit des Königs. Diese Form spanischer Kirche wurde auf den Philippinen eingepflanzt. Es war eine Kirche, die den Zielen der spanischen Krone verpflichtet war. Die Eroberung bedingte die Mission; die Mission bedingte die Eroberung. Glazik schreibt darüber: «Spanien leitete aus dem Missionsauftrag auch das Recht der Eroberung und der Landnahme ab . . . Die in ein Gebiet einziehenden Truppen erließen jeweils eine Proklamation, in der die Bewohner unter Androhung schwerster Strafen aufgefordert wurden, das Christentum anzunehmen und die Herrschaft des spanischen Königs anzuerkennen. Wer sich weigerte, verlor die Freiheit oder sein Leben. Die Eroberer erhielten das Land als königliches Lehen (encomienda) und hatten das Recht, die Indianer (Einheimischen) zur Arbeit auf ihm zu zwingen. Die Glaubensboten, die die Truppen begleiteten, billigten als Kinder ihrer Zeit weitgehend dieses Vorgehen. Sie waren auf ihre missionarische Arbeit nicht vorbereitet und besaßen keinerlei Erfahrung mit Völkern fremder Kulturen. Sie glaubten, die fremden Völker könnten nur dann echte Christen werden, wenn zuvor ihre Anschauungen, Bräuche und Kulte zerstört worden seien. Dazu bedurfte es gelegentlich der Gewaltanwendung.»[3]

Der Glaubenseifer der Missionare ließ sie also übersehen, daß sie eine ungute Alliance eingegangen waren, die der frohmachenden Botschaft Jesu Christi widersprach. Als bezeichnend für die enge Verbindung der Predigt des Glaubens und der spanischen Kolonisation sieht Schumacher die Tatsache, daß es ein portugiesischer Seefahrer in spanischen Diensten (Magallanes) war, nicht Pedro Valderrama, ein die Expedition begleitender Säkularpriester, der den Einheimischen die Predigt hielt. Magallanes ließ anschließend die heilige Messe feiern und ein Kreuz aufrichten. Als sich ein Dorf weigerte, die geforderte Huldigung zu erweisen, wurde es kurzerhand eingeäschert. Dieser Gewaltakt verursachte einen Aufstand, währenddessen Magallanes ermordet wurde. So wurde Magallanes selbst das erste Opfer philippinischen Widerstandes gegen eine von außen aufgezwungene Fremdherrschaft.

1565 landete der Spanier Legazpi mit einer gut ausgerüsteten Expedition, von Mexiko kommend, auf den Philippinen. Mit ihm beginnt die eigentliche Eroberungs- und Besatzungszeit der Inseln. Weil Legazpi die Expedition mit hohen Eigenkosten finanzierte, bekam er als Gegenleistung vom König weitgehende Rechte in den neuentdeckten Gebieten.

Ganz allgemein ist festzuhalten, daß viele Eroberer so schnell wie möglich ihren Reichtum machen wollten. Das bedeutete für die einheimische Bevölkerung Landvertreibung, Mord, Raub, Ausbeutung, Greueltaten unglaublichster Art. Als Landvertriebene mußten sie dann auf ihren eigenen Feldern für die fremden «Herren» Frondienste leisten. Alle wurden herangezogen, ob jung oder alt, Frauen oder Kinder. Ihr Widerstand wurde mit Brutalität und Waffengewalt gebrochen.

Als Legazpi auf Cebu landete, stieß er auf den Widerstand der dortigen Bevölkerung unter Führung der beiden Chefs Lakandula und Soliman, den er aber niederschlagen

konnte. Zwei Umstände kamen den Eroberern zugute. Die spanischen Eindringlinge besaßen die moderneren Schußwaffen; die einheimische Bevölkerung kämpfte mit den traditionellen Waffen Pfeil und Bogen. Sie stießen zudem auf eine Gesellschaft, die noch keine nationale Einheit gefunden hatte. Die herkömmliche soziale Einheit war das Barangay (d. h. Boot); das waren kleine Dörfer mit 30 oder 100 Häusern und einer Einwohnerzahl von 100 bis 500 Personen. Diese Ansiedlungen waren oft weit voneinander entfernt, an Küsten und Ufern gelegen und unabhängig voneinander. Es gab zwar einfache Handelsbeziehungen unter ihnen; aber als einzelne Gemeinschaften der Inseln befanden sie sich in einem Übergangsstadium: einige waren mehr organisiert und politisch strukturiert, andere weniger. Die südlichen Inseln Mindanao und Sulu, von Moslems bewohnt, waren beispielsweise besser strukturiert und politisch mehr geeint. Deshalb konnten sie von den Spaniern nie kolonisiert und besetzt werden. Auf den Inseln, wie die Spanier sie vorfanden, bestand das System der «Subsistenzwirtschaft». Die Leute bewirtschafteten ein Stück Land zum Eigenbedarf. Landbesitz im westlichen Sinn gab es nicht. Das Land gehörte dem, der es bebaute bzw. der Gemeinschaft. Hauptanbauprodukt war Reis. Proteine bekamen die Leute von Fischen in Flüssen und Meer.
Der philippinische Geschichtsprofessor R. Constantino schreibt, indem er sich auch auf Zeugnisse von Kolonialisten beruft, daß in der vorspanischen Zeit die Menschen zwar arm und in gegenseitiger Abhängigkeit lebten; aber das Umgehen miteinander sei menschlich bzw. menschenwürdig gewesen.[4] Das änderte sich mit den Spaniern. Die neuen Herren waren von der spanischen Krone mit Vollmachten ausgestattet, die der hemmungslosen Ausbeutung der einheimischen Bevölkerung Tür und Tor öffneten. Im folgenden soll stichwortartig aufgezeigt werden, welches Leid und welche Last durch die Besetzung auf die einheimi-

sche Bevölkerung zukamen und wie diese immer wieder zur Revolte getrieben wurde.

*Encomienda:* Alles unbebaute Land fiel an die spanische Krone. Das übrige Land wurde in Verwaltungseinheiten eingeteilt (Encomienda) und den spanischen Eroberern zur Einnahme von Tribut zur Verfügung gestellt. Die Vorschrift sah so aus, daß jeder männliche Einwohner zwischen 19 und 60 Jahren einen bestimmten Betrag an Jahrestribut zu zahlen hatte. ¼ dieses Tributs durfte der neue Herr «Encomiendero» für sich behalten, einen Teil sollte er dem Missionar zahlen und einen Teil der spanischen Krone. 1572 hatte Legazpi an seine Männer 143 Encomiendas verteilt. In der Theorie hatten sie dadurch die Pflicht übernommen, erstens die einheimische Bevölkerung zu schützen und Frieden zu garantieren, zweitens die Missionare bei ihrem Werk der Bekehrung der Einheimischen zum Katholizismus zu unterstützen, und drittens zu helfen, die Kolonie zu verteidigen. Als Gegenleistung bekamen sie dann das Recht, Tribut zu erheben.

Diese Vorschriften bewahrten die Machthaber keineswegs vor Mißbrauch. Über das unmenschliche und grausame Vorgehen seiner Landsleute schreibt 1583 der spanische Mönch Fray Domingo de Salazar an den König von Spanien: «. . . Ich kann keine Worte finden, um Ihrer Majestät das Unglück, die Ungerechtigkeit und die Qualen, die Folter und das Elend zu schildern, welche die Inder (Einheimischen) zu erleiden haben, wenn der Tribut eingesammelt wird . . .; wenn der Verantwortliche ihnen nicht so viel Gold, wie sie verlangen, gibt, oder für so viele Leute bezahlt als die Herren behaupten, daß unter ihnen arbeiten, dann kreuzigen sie den unglücklichen Chef oder stecken seine Hände in Schraubstöcke. So haben die Encomienderos, wenn sie zum Einsammeln des Tributs kommen, ihre Stöcke und Peitschen dabei und foltern den Chef so lange, bis er die gesamte Summe, die sie verlangen, auftreibt.

Manches Mal wird die Frau oder Tochter des Chefs genommen, wenn dieser nicht erscheint. Zahlreich sind die Chefs, die an der Folter gestorben sind, wie ich selber festgestellt habe . . .»

Die Aufzählung von Greueltaten geht weiter. Der Mönch berichtet, daß Abgaben gegen das geltende Recht von Greisen und Kindern eingetrieben werden; daß die Abgaben so hoch sind, daß viele es vorziehen, unverheiratet zu bleiben, und andere sogar ihre Kinder umbringen . . .[5]

*Hazienda:* Es gab die verschiedensten Formen, die einheimische Bevölkerung auszubeuten und zu hohen Abgaben zu zwingen. Die Encomienda war nur eine Art, einem spanischen Herrn weite Gebiete zur Steuereinnahme zu übertragen. Eine andere Form war die Übernahme des Landes als Eigentum (Hazienda), von dem die einheimische Bevölkerung teilweise vertrieben wurde; teilweise mußte sie, landlos geworden, für ein geringes Entgelt darauf arbeiten.

*Polo:* Trotz Verbot des Königs wurden die Einheimischen zu allen handwerklichen Zwangsarbeiten herangezogen. Sie bauten Häuser und Schiffe für die neuen Machthaber, teilweise sogar ohne Bezahlung. Auch davon berichten Briefe an den König. Beispielsweise schrieb 1620 Fray Pedro de San Pablo in dieser Angelegenheit an den König. «Polo» wurde die Zwangsarbeit genannt. Diese erzwungene und unbezahlte Arbeit führe zu Verelendung und Sklaverei und zum Ruin ganzer Gegenden, zumal die Zurückgebliebenen – oft nur die Kranken, Alten und Kinder – dieeigenen Felder nicht bestellen könnten, um auf diese Weise überleben zu können.

*Bandala:* Auch «Bandala», der Zwangsverkauf wirtschaftlicher Produkte an die Regierung, muß erwähnt werden. Nach jeder Ernte mußte neben den steuerlichen Abgaben ein gewisser Ertrag an die spanische Verwaltung zu niedrigsten Preisen abgegeben werden. Bandala entsprach einer tatsächlichen Konfiszierung von Eigentum. Wenn die Ernte nicht sehr reich und gut war, mußte der Bauer für einen höheren Betrag Reis ankaufen, um ihn billig weiterzuverkaufen. Die Kolonialherren versuchten, alles aus dem Land und seiner Bevölkerung herauszuholen, ohne etwas für deren Weiterentwicklung zu tun.

*Reduccion:* Weder für den Ausbau der spanischen Verwaltungskontrolle noch für die Missionierung war die Ansiedlungsweise der Bevölkerung in Tausenden kleinen, zerstreut liegenden Dörfern günstig. So versuchte man, nach dem «bewährten» Modell in Lateinamerika die Leute in große Dörfer umzusiedeln, Reduccion genannt. Das war ein harter Eingriff in das Leben der kleinen Bauern, Fischer und Jäger, die darauf angewiesen waren, in der Nähe ihrer Felder, Fang- oder Jagdgründe zu wohnen. Mit allen Mitteln versuchte man, die Leute zur Umsiedlung zu bewegen: mit Versprechen, Geschenken und letztlich mit Gewalt.

Was kriegerische Auseinandersetzungen der Spanier mit den Portugiesen (1567, 1570 und 1600) sowie mit den Holländern (1647) betrifft, so wurden solche auch auf philippinischem Boden ausgetragen.

## 2. Erster Kontakt mit dem Christentum über die Mönche

Als in der Begleitung Legazpis die Augustinermönche ankamen, hatten sie den klaren Auftrag, das Evangelium Jesu Christi zu verkünden, Liebe und Gehorsam zur katholischen Kirche zu wecken, den Aberglauben und die Irrlehren «des Teufels» vergessen zu machen und die Gesetze der spanischen Krone respektieren zu lehren. Tatsächlich interpretierten die Missionare den früheren Glauben der Leute, ihre Sitten, Bräuche und religiösen Traditionen als Werk des Teufels, einheimische Priester und Priesterinnen als dessen Werkzeuge. Im Auftrag, dem Un- und Aberglauben abzuhelfen, standen die Augustinermönche in den ersten Jahren allein. 1578 kamen die Unbeschuhten Franziskaner hinzu, 1581 die Jesuiten, 1587 die Dominikaner und 1606 die Rekollekten. Um Gebietsstreitigkeiten unter ihnen zu vermeiden, wies König Philipp II. den Gouverneur an, jeder Gruppe ein eigenes Gebiet zur Missionierung anzuvertrauen. 1958 war der größte Teil des Landes aufgeteilt.

Langsam bekam die Kirche eine formale Struktur und Organisation. Als erstes wurde 1579 die Erzdiözese Manila errichtet, mit dem Dominikaner Fray Domingo de Salazar als Erzbischof. Auch bei der Planung und Errichtung drei weiterer Diözesen ordnete und verfügte der König alles bis ins Detail, z.B. entschied er, wo die Diözesen einzurichten seien, welche Heiligen sie als Schutzpatrone erhalten sollten, wer Bischof würde usw. In einem Schreiben an den spanischen Botschafter in Rom befahl der König, den Papst über seine Maßnahmen zu informieren und die entsprechende Bestätigung des Papstes einzuholen. Durch die Bulle des Papstes hatte der König höchste Autorität und Jurisdiktion über die Kirche in Spanien und in den spanischen Kolonien. Gleichzeitig mit dem Brief nach Rom ging ein königlicher Befehl an den Gouverneur Dasmarinas, der über die Ausgaben der zu erbauenden Kirchen und Klöster verfügte. «Ein Teil», so heißt es wörtlich, «geht zu unseren Lasten, ein Teil zu Lasten der Spanier auf den Philippinen und der Eingeborenen . . .». Aus seinen Anweisungen geht hervor, daß es der König ernst nahm mit seiner Aufsichtspflicht, d. h. mit seiner Patronado Real.[6]

Als erstes kirchliches Ereignis auf den Philippinen gilt die Synode von Manila (1582 bis 1586). Brennende soziale Fragen wurden aufgegriffen, diskutiert und beantwortet:

– Welches Recht hat eine fremde Macht, ihre Gesetze dem Inselreich aufzuzwingen?

  Die Antwort der Synode: Die Ausbreitung des römischkatholischen Glaubens ist die einzige gerechtfertigteBegründung!

- Haben die Arbeiter ein Recht auf richtige Bezahlung und dürfen sie zur unbezahlten Zwangsarbeit herangezogen werden?
  Die Synode: Die Rechte der Arbeiter müssen respektiert und die Verantwortlichen an ihre Pflicht erinnert werden.
- Ist es nicht gegen alles Recht und Gesetz, eine einheimische Bevölkerung in ihrem eigenen Land zu Sklaven zu machen?
  Die Synode: Die Einheimischen sind ebenso frei auf den Philippinen wie die Spanier in Spanien. Kein Gesetz und keine Bibel kann sie zu Sklaven machen.
- Was kann gegen den unrechtmäßigen Landerwerb getan werden?
  Die Synode: Die Priester geben den Christen keine Absolution, die sich unrechtmäßig Land angeeignet haben, bevor nicht das Land zurückgegeben ist ... Die Konsequenz dieser Verfügung waren weniger Kirchgänger.

Die Kirche hat sich auf dieser Synode nicht in staatliche Angelegenheiten gemischt, jedoch die Beschlüsse dem König als dem Schutzherrn der kirchlichen Mission mitgeteilt. Dieser bestätigte die Leiter der philippinischen Kirche, die er ja selbst bestimmt hatte, als offizielle Berater der kolonialen Regierung. Bei der Synode standen die Missionare, wie aus den Fragen und Antworten zu ersehen ist, ganz auf der Seite des Volkes und ihres missionarischen Auftrags.
Ganz sicher sah sich die Bevölkerung, besonders in der ersten Zeit, durch die Mönche geschützt vor Spaniern wie einheimischen Herren (Prinzipales). Sie hatten Vertrauen, was auch bei vielen die Annahme des Christentums zur Folge hatte. Viel Gutes wird über die Mönche der ersten Stunde berichtet. Sie zeigten Interesse am Volk, erlernten ihre Sprache, interessierten sich für Sitten und Bräuche.

Bei Übergriffen und Machtmißbrauch ergriffen sie die Partei der Bevölkerung. Das geht aus zahlreichen Briefen an den König hervor.[7]

Leider hat sich diese Haltung später geändert. Im Verlauf der andauernden Streitigkeiten zwischen den Kolonialbeamten, Bischöfen und Mönchen gingen viel Kraft und Energie verloren. Wo es jeweils um größere Machtbefugnisse ging, wurde das Volk der Leidtragende. «Obwohl kein Zweifel besteht über den Ernst und missionarischen Eifer vieler Priester in der ersten Phase der Missionsarbeit, so ist zu Beginn des 17. Jahrhunderts ein moralischer Zerfall bei den Geistlichen zu vermerken.» Constantino führt ihn darauf zurück, daß für die vielen neuentdeckten Gebiete die Missionare notwendig gebraucht wurden. Deshalb wurde die Ausbildungszeit in Spanien verkürzt; Privilegien wurden geboten und Möglichkeiten zu einer kirchlichen Karriere, die den Beruf des Missionars attraktiv machten, ohne daß der geistige Ruf sonderlich gefragt wurde.[8]

Bischof Benavides spricht in einem Brief an den König von manchen Mißständen unter einigen Mönchen. Etwa zu gleicher Zeit schreibt der Gouverneur einen harten Anklagebrief an den König. Darin klagt er unter anderem die Jesuiten an, daß die Einheimischen sehr elend neben der Kathedrale in einem kleinen Dorf lebten und sich beschwerten, weil ihnen von den Jesuiten ihr Land und ihr Erbe genommen worden sei. Weiter beschuldigt er einige Mönche, zuviel Geld für Beerdigungen, Taufen und Hochzeiten zu verlangen. So würden Christen ihre Toten heimlich beerdigen, andere würden ohne das Sakrament der Ehe zusammenleben, weil sie die geforderte Summe nicht aufbringen könnten. Der Brief endet damit, daß der Gouverneur den König bittet, die Ordensobern in diesen Angelegenheiten anzuschreiben und zu mahnen. Auch Bischof Salazar beschwerte sich 1581 über die Mönche.[9]

So ist es zu erklären, daß die Mönche nicht immer als Helfer und Retter empfunden wurden und im Laufe der Zeit anfängliche Sympathien verloren. Viele Leute haben den Glauben aus Angst und Schrecken und auf massiven äußeren Druck hin angenommen. Die Verknüpfung von weltlicher Macht und Religion hat immer mehr Widerstand und Auflehnung hervorgebracht. Da die Philippinos sehr religiös sind, waren Auflehnung und Revolten nicht gegen den Inhalt des christlichen Glaubens gerichtet, wohl aber gegen die Fremdherrschaft, die soziale und wirtschaftliche Notsituation, die Rechtlosigkeit und Abwertung der Menschen als Menschen und Christen zweiter Klasse.

## 3. Europäischer Widerstand gegen eine einheimische Kirche

Rassismus und Abwertung der einheimischen Bevölkerung zeigten sich konkret in der ablehnenden Haltung gegenüber philippinischen Bewerbern für den Ordens- und Priesterberuf. Als sich nämlich Jugendliche dafür zu interessieren begannen, wurden ihnen alle möglichen und unedlen Motive unterschoben. «... Nicht weil er einen Ruf von Gott hat, will der Indio Priester werden, sondern wegen der unendlichen Vorteile, die dieser Stand mit sich bringt ...», schreibt der Mönch Gaspar de San Augustin 1720. Obwohl diese ablehnende Haltung nicht überall so ausdrücklich war, scheint doch ein rassistisches Vorurteil weit verbreitet gewesen zu sein; denn keiner der großen Orden war bereit, einheimische Kandidaten aufzunehmen: weder als Ordensbruder noch als Priester. Ein trauriges Beispiel ist das von Hermano Pule. Er war Sohn frommer Fischersleute und kam 1839 nach Manila, um in einen Orden einzutreten. Die Aufnahme wurde ihm verweigert, weil er nur ein Eingeborener war. Religiös motiviert, gründete er eine eigene Bruderschaft des heiligen Josef. Er unterwies seine Brüder im Gebet, bestellte monatlich einen Priester, der mit der Gemeinschaft die heilige Messe feierte, und organisierte religiöse Feste. Als er die Kirche um Anerkennung seiner Bruderschaft bat, wurde dies abgelehnt. Wegen des schnellen Anwachsens der Gemeinschaft wurde die spanische Behörde sogar mißtrauisch. Es kam zu einer Auseinandersetzung. Hermano Pule wurde hingerichtet, weil er als gefährlich und subversiv galt. Für die Philippinos blieb der Zugang zu Orden weiterhin verschlossen. Das änderte sich erst mit der Ankunft neuer religiöser Gemeinschaften. So öffneten die Steyler Missionare (SVD) das erste Seminar auf philippinischem Boden für Ordensnachwuchs. 1928 traten die ersten Philippinos ein, und seitdem meldeten sich ständig neue Kandidaten. Bis in unsere Zeit hinein haben sie den größten philippinischen Nachwuchs. 1906 begann bei den Jesuiten eine Diskussion um die Zulassung philippinischer Novizen. Erst zwei Jahre später wurden die ersten sechs in ein Noviziat nach Spanien geschickt.

Wie den Männern, so ging es auch den Frauen. Bei den kontemplativen Nonnen der hl. Klara fanden nur spanische Frauen Aufnahme. So gründeten die jungen Philippinas ihre eigenen Gemeinschaften. Als fromme Vereinigung – Beaterio – bekamen sie zwar nicht den Status und die Anerkennung von Orden. Ihre Vereinigung ermöglichte es ihnen aber, ein gottgeweihtes Leben zu führen – meist im Dienst am Aufbau der Pfarreien bzw. als religiöse Erzieherinnen.

Ab 1883 kam eine ganze Reihe europäischer Frauengemeinschaften: Daughters of Charity (1862); sie übernahmen kirchliche Krankenhäuser und Schulen für die Frauenjugend. Gleiche Aufgaben übernahmen ab 1883 die Augustinerinnen. 1892 trafen französische Assumptionistinnen ein, 1910 ICM-Schwestern und die Schwestern vom Hl. Geist; 1904 die Schwestern von St. Paul von Chartres, 1906 die Benediktinerinnen, 1912 Franziskanerinnen und im gleichen Jahr Schwestern vom Guten Hirten. Sie über nahmen sowohl Aufgaben im Bereich der Schule als auch der Krankenpflege, vor allem im Gebiet von Manila.

Einen wichtigen Platz in der Geschichte der Kirche nimmt die Entwicklung des einheimischen Klerus ein. Gegen den Widerstand der Mönche betonte der spanische König in einem Erlaß von 1677 die Notwendigkeit eines einheimischen Klerus. Die Orden sahen diese Notwendigkeit nicht. Für die wenigen freien Pfarreien, die nicht von Mönchen betreut würden, so argumentierten sie, genügten die creolischen Säkularpriester (das waren auf den Philippinen geborene Spanier). Für ihre eigenen Gemeinschaften meinten sie genügend Nachwuchs aus Spanien zu bekommen.

Die Position der Mönche war auf den Philippinen so stark, daß sie zweihundert Jahre lang die Jurisdiktion der Bischöfe in ihren Pfarreien nicht anerkannten und ihnen in keiner der von ihnen verwalteten Pfarreien die Visitation gestatteten. Im Laufe der Jahre sehr reich geworden, waren sie die eigentlichen Vertreter des spanischen Gesetzes. Am Ende der Kolonialzeit 1896 besaßen die 1100 Mönche 185 000 ha Land; das war 1/15 der gesamten angebauten Fläche. Auch im Handel spielte der Klerus eine mächtige Rolle. Zu den frommen Werken – Obras Pias – gehörten Banken und Versicherungen.

Wegen des Drängens des Königs und einiger Laien richtete der Erzbischof von Manila, entsprechend der königlichen Vorschrift, ein Seminar für acht einheimische Seminaristen ein (1702). Als ein päpstlicher Delegat der Propaganda Fidei anläßlich seines Besuches ein Seminar für 80 Seminaristen aus dem gesamten asiatischen Raum anregte und das Seminar San Clemente tatsächlich eröffnet wurde, ließ König Philipp V., weil verspätet darüber unterrichtet, das Seminar auflösen und sogar das Gebäude abreißen. Dennoch war der Durchbruch geschafft; die Eingeborenen bekamen nun Zugang zur höheren Bildung, ebenso zum Priesterberuf.

Ab 1720 wurden regelmäßig einheimische Priester ausgebildet. 1760 gab es in der Erzdiözese Manila 32 eingeborene Priester, 13 chinesische und sechs spanische Mestizen. Damit war der Säkularklerus auf 111 angewachsen. Das war zwar schon sehr spät – das Christentum auf den Philippinen war zu diesem Zeitpunkt zweihundert Jahre alt –, aber immerhin war die Kirche auf dem Weg der Einheimischwerdung (indigenization), was nur mit einheimischem Klerus möglich war.
Trotzdem kam als nächste enttäuschende Erfahrung für den einheimischen Klerus die der Nichtzulassung zu einer Pfarrei. Sie sollten nur als Hilfskräfte der Mönche fungieren können. Erst als die Jesuiten unter dem Druck der politischen Ereignisse aus allen spanischen Gebieten ausgewiesen wurden, wurden die philippinischen Priester mit Pfarreien betraut.[10]
Zu dem politischen kam noch ein anderes Moment. Ein neuer Erzbischof aus Spanien war angekommen, Erzbischof Sanchos. Er hatte sich in Madrid bereits um die Ausweisung der Jesuiten «verdient» gemacht. Auf den Philippinen wollte er nun den alten Widerstand der Mönche und ihre Unabhängigkeit gegenüber dem Jurisdiktions- und dem Visitationsrecht der Bischöfe in den Pfarreien brechen. Die Mönche, die sich nicht beugten, ließ er mit Polizeigewalt verjagen. Weil sich Augustinermönche immer noch widersetzten, wurden sie vom Gouverneur gefangengenommen, ihre Pfarreien von den Soldaten geplündert und einheimische Priester an ihre Stelle gesetzt, was weder für die Gläubigen noch für den einheimischen Klerus eine gute Ausgangsbasis war. Um genügend einheimischen Klerus zu haben, verkürzte der Erzbischof die Ausbildungszeit der einheimischen Priester. 1774 verordnete der König, alle Pfarreien den Mönchen zu nehmen und dem einheimischen Klerus zu geben. 1776 widerrief er seinen Erlaß. Der einheimische Klerus wurde in diesem Machtspiel wie Schachfi-

guren hin- und hergeschoben. Noch schlimmer wurde die Situation, als 1826 die Mönche zurückkamen und dem einheimischen Klerus alle Pfarreien nahmen, die sie 50 Jahre lang gut geführt hatten. Es wurden ihnen sogar die Pfarreien genommen, die neu von ihnen aufgebaut worden waren. Dies wurde als großes Unrecht empfunden und als Diskriminierung des einheimischen Klerus.

Obwohl sich Erzbischof Meliton Martinez für den einheimischen Klerus einsetzte, das Unrecht anprangerte und vor der Gefahr warnte, den Klerus in die Revolte zu treiben, waren weder die spanische Regierung noch Rom einsichtig. Die Positionen zwischen den Mönchen und dem Klerus wurden immer feindseliger und härter.

Die unerschütterliche Treue der Mönche zum Mutterland wurde als sehr nützlich für die Politik in den Kolonien eingeschätzt. 1871 kam General Isquierdo als neuer Gouverneur. Er sah im einheimischen Klerus die größte Gefahr für Spanien und wollte ihn so schnell wie möglich eliminieren. Als im Januar 1872 in Cavite, Nähe Manila, eine Meuterei ausbrach, benützte er diese Gelegenheit, die drei Priester F. Burgos, F. Jacinto und F. Mariano mit anderen zu verhaften und die drei Priester hinzurichten. Viele andere wurden ins Exil geschickt. Der spanische Gerichtshof hat später Prozeß und Hinrichtung als illegal erklärt. Die Priestervereinigung der Philippinos war damit aufgelöst, die Führer ermordet oder im Exil, aber der Samen für das kommende Schisma und für die Revolution gegen Spanien war gesät.

Es gibt viele Komponenten, die zur Geburt des Nationalismus auf den Philippinen geführt haben: die ungleiche Behandlung von Spaniern und Philippinos, das Studium der letzteren und deren Auseinandersetzung mit den freiheitlichen Ideen der französischen Revolution, das Vertrautwerden mit diesen Ideen beim Studienaufenthalt in Spanien, die unglaubliche Ausbeutung der Philippinos, ihr Elend und Hunger, der Reichtum und unglaubwürdige Lebensstil vieler Mönche, das harte Niederschlagen der kleinsten freiheitlichen Regung beim Volk durch die Kolonialregierung, die ungerechte Behandlung und Abwertung des eigenen Klerus. Das alles kam zusammen, um revolutionäre Ideen zu einer Kraft werden zu lassen. Immer weniger Leuten war es einsichtig, warum Liebe und Loyalität zur Krone gefordert waren, die ihnen nur Elend und Verdemütigung gebracht hatte. Sollte der Philippino nicht sein Land lieben können wie auch der Spanier Spanien? Im eigenen Land nicht Sklave sein, sondern freier Mensch – dafür war das Volk bereit zu kämpfen. Mit aller Kraft wollte es die fremden Herren vertreiben.

Die Nationalisten von 1880 waren die Nachfolger des nationalen Klerus von 1872. Rizal, einer der Nationalhelden, und sein ältester Bruder Paciano hatten mit Burgos gelebt. Nach der Hinrichtung von Burgos gab er sein Studium auf. Er und die meisten Nationalisten sahen in den Mönchen das Haupthindernis für die Unabhängigkeit von Spanien. So wurde der Ruf nach Ausweisung der Mönche immer lauter.

Als 1896 Andreas Bonifacio die Befreiungsbewegung «Katipunan» anführte, führte der Zorn gegen die Mönche zum offenen Aufruhr. Die Revolution war nicht antireligiös. Die Religion spielte sogar eine wichtige Rolle im revolutionären Aufbegehren der Masse. Viele Priester waren aktiv im Revolutionsrat tätig. In einer Predigt am Allerheiligenfest hat F. Estaban (einheimischer Priester) mit dem Evangelium vom Senfkorn die Soldaten im revolutionären Kampf bestärkt und von einem Heiligen Krieg gesprochen.

Als im April 1898 die Amerikaner als «Befreier» auftauchten, hatte die Revolution bereits gesiegt; die Spanier waren aus den meisten Gebieten vertrieben. Den so hart erkämpften Sieg, getragen vom Volk mit vielen Wunden, machten sich die Amerikaner zunutze. Die Philippinos konnten weder glauben noch verstehen, daß da eine neue

Macht auf sie zukam. Als am 12. Juni 1898 die Unabhängigkeit ausgerufen wurde, herrschten zunächst Aufatmen und Freude. Diese Freude dauerte jedoch nicht lange. In der Zwischenzeit rief 1899 Aglipay, ein Priester aus der nachfolgenden Generation von F. Burgos, eine Priesterkonferenz aller philippinischen Priester zusammen. Sie wollten sich unter Rom neu organisieren und eine eigene Konstitution haben. Es war ein Akt der Loyalität Rom gegenüber. In einem Schreiben an Rom baten sie um philippinische Bischöfe oder solche, die von der Mehrzahl der Philippinos akzeptiert würden.
Das wurde von der spanischen Hierarchie abgelehnt. Aber auch die Haltung Roms war sehr unflexibel. Die Anregungen des philippinischen Klerus nicht beachtend, ernannte Rom als apostolischen Delegaten den Amerikaner Chapelle. Offensichtlich ohne jedes Gespür für die Vorfälle und das Unrecht, das dem philippinischen Klerus angetan worden war, traf sich Chapelle mit den Mönchen, um sie gegen den Widerstand der Gläubigen und gegen die Ziele der Revolution wieder in die Pfarreien zurückzuschicken. Dieser Vorfall wurde das auslösende Moment zum Zusammenschluß einiger Nationalisten mit dem philippinischen Priester Aglipay. Sie gründeten im August 1902 die Nationale Unabhängige Kirche. Sie war Ausdruck und Symbol der Sehnsucht nach nationaler Unabhängigkeit und eine Reaktion gegen die Mönche.[11]
Während der amerikanischen Besatzungszeit bekam diese Kirche großen Zulauf, zumal die Besatzungsmacht die Unabhängigkeitsbewegung brutal niederschlug und ganze Dörfer niederbrannte. Die nationalen und freiheitlichen Gefühle konnten sich so auf religiösem Boden artikulieren, ebenso in der Gründung von Gewerkschaften, nicht aber im politischen Bereich. In der Gründung einer Nationalkirche wurde jedenfalls die Möglichkeit gesehen, auf nicht-politischem Feld die Idee des Kampfes für die Unabhängigkeit

weiterzuführen. 1918 zählte die Aglipayen-Kirche 1 500 000 Mitglieder, jedoch nur 36 von 600 Priestern schlossen sich an.

Die Sehnsucht nach Unabhängigkeit und Eigenständigkeit; der Wille, Priester mit allen Rechten bei der eigenen Bevölkerung sein zu dürfen – das waren die Motive, die den philippinischen Klerus bewegten. Die Sehnsucht zu verwirklichen, im eigenen Land zu Hause zu sein – dafür war die Bevölkerung zu immer größerem Einsatz bereit. Die Ausbeutung, die Landvertreibung und das ständig erlebte Unrecht stärkten das nationale Bewußtsein. Andererseits standen der Reichtum der Mönche und ihr Leben nur wenig mit ihrer Lehre im Einklang. Dabei wurden sie als die letzte Bastion der spanischen Gesetzgebung angesehen, die so viel Elend für die einfache Bevölkerung mit sich gebracht hatte.

Um so größer wurde die Enttäuschung der Bevölkerung über die neue gebildete Schicht, die «Illustrados». Denn diese mißbrauchten die Wut des Volkes für ihre eigenen Interessen. Schmerzlich wurde auch die Erfahrung, daß die Interessen und die Anliegen des Volkes an die Amerikaner verraten wurden. Die Verbündeten des Volkes blieben jedoch der einheimische Klerus. Anfangs zurückhaltend, haben die Priester das Volk in seiner Auflehnung immer lauter und offener unterstützt, zumal sie selbst immer stärker die Unterdrückung zu spüren bekamen. Die Kirche blieb auf die Unterstützung des Volkes und das Volk auf die Kirche angewiesen. Diese Erfahrung hat sich auch im amerikanischen Krieg bewährt und findet bis heute Anwendung.

## 4. Kirche unter amerikanischer Besatzung

Von 1521 bis 1898 hat es rund 200 Aufstände gegen die spanische Kolonialmacht gegeben. Als die Spanier vertrieben waren und am 12. Juni 1898 die Unabhängigkeit ausgerufen wurde, glaubten die Philippinos, ihre Freiheit erlangt zu haben. Aber sie haben die Interessen der Amerikaner unterschätzt.[12] Beim Vertrag in Paris am 10. 12. 1898 trat Spanien die Philippinen zum Preis von $ 20 000 000 an Amerika ab. Am 21. 12. 1898 deklarierte McKinley die «wohlwollende Assimilierung» der Philippinen. Dieses «Wohlwollen» zeigte sich zunächst im Anrücken eines neuen Truppenkontingents. Es kamen viermal mehr amerikanische Soldaten, als die Spanier je hatten. 1902 waren 120 000 Soldaten auf den Philippinen stationiert. In den folgenden militärischen Auseinandersetzungen starben 4000 von ihnen. 16 000 Philippinos starben im Kampf und 700 000 an Hunger und Krankheit. Das Volk war auch diesmal nicht bereit, sich zu unterwerfen. Es kämpfte gegen die Amerikaner, gegen die Japaner und dann wieder gegen die Amerikaner. Immer wieder enttäuscht und von den eigenen Führern verraten, hat das Volk mehr und mehr gelernt, daß es nur durch eigene Kraft gerettet werden kann. Diese Erfahrung ist auch für die Gestaltung des religiösen und kirchlichen Lebens maßgebend geworden.

Von 1898 bis 1900 herrschte Chaos in der Kirche. Keiner der Bischöfe konnte sein Amt in seiner Diözese ausüben oder sich auch nur in seiner Diözese aufhalten. Erzbischof Nozaleda von Manila stand unter amerikanisch verordnetem Hausarrest. Bischof Hevia befand sich in der Gefangenschaft der Revolutionsregierung, jener Regierung, die 1898 nach der Unabhängigkeit rechtmäßig gebildet worden war, aber dann vor den Amerikanern fliehen mußte. Bischof Garcia von Cebu flüchtete in die Berge. Für 967 Pfarreien standen nur 675 philippinische Priester zur Verfügung. Die

Mönche waren geflohen oder vertrieben, das Priesterseminar von 1898 bis 1904 geschlossen. Einige philippinische Priester schlossen sich dem Widerstand an und kämpften gegen die Amerikaner. Andere saßen wegen ihrer tatsächlichen oder unterstellten Unterstützung des Widerstandes in amerikanischen Gefängnissen. Das war die Situation, in der sich die Priester an Rom wandten, um aus ihren Reihen Bischöfe zu bekommen. Aber Rom ließ sich vier Jahre Zeit, bis die Antwort in der Form der Ernennung eines amerikanischen Delegaten und amerikanischer Bischöfe kam.

Ein amerikanischer Militärgeistlicher, der die chaotische Situation sah und das Schweigen Roms nicht verstehen konnte, machte in einem Brief an die amerikanischen Bischöfe in den USA seinem Ärger über Rom Luft. Er äußerte den Eindruck, daß Rom, unberührt von der Situation, die Kirche einfach ins Abseits treiben ließ. Als dann 1902 endlich die Antwort kam und die unabhängige Kirchenprovinz der Philippinen amerikanischen Bischöfen anvertraut wurde, bedeutete dies für die philippinischen Priester, für das Bischofsamt als unfähig angesehen zu sein. Der entscheidende Brief Papst Leos XIII. wurde auslösendes Moment für die Kirchenspaltung.

Die Gefangennahme des ersten Präsidenten Aguinaldo machte es für das Volk eindeutig, daß die Fremdherrschaft weiterging – diesmal unter amerikanischer Flagge. Der alte Widerstand lebte neu auf. 1903 organisierte sich «Katipunan» aufs neue, von Amerika hart und brutal bekämpft. Auch wenn Amerika den Widerstand als Banditentum brandmarkte, um die eigene unrechtmäßige Besetzung der Inseln zu verschleiern, so muß dieser Widerstand dennoch als legitime Auflehnung des Volkes gegen eine aufgezwungene Fremdherrschaft angesehen werden. Wie im Staat, so wurden die Christen auch in der eigenen Kirche bevormundet. Erst 1906 wurde, offensichtlich unter dem Druck der

Verhältnisse, in Father Barlin der erste philippinische Bischof ernannt.
Um den Widerstand besser brechen und das Volk kontrollieren zu können, erprobten die Amerikaner eine Methode, die sie später auch im Vietnamkrieg angewandt haben, *Hamletting* genannt. Am 25. 12. 1901 wurden unter General Bell die Leute von Batangas in sogenannte Wehrdörfer (Hamletting) zwangsumgesiedelt; dabei wurde 1/6 der Bevölkerung umgebracht. Naturgemäß schenkten die Amerikaner den Priestern besondere Aufmerksamkeit. Von ihrer Seite fürchteten sie den stärksten Widerstand. So kamen viele Priester in Gefangenschaft, wurden gefoltert und ermordet. General Schmid gab in Samar den Befehl, keine Gefangenen zu machen: «Ich wünsche mir, daß ihr tötet und niederbrennt, je mehr, um so besser.»[13]
Am 4. 11. 1901 wurde mit den ersten amerikanischen Erlassen die Unterdrückung institutionalisiert, z. B. Todesstrafe für jeden, der die Unabhängigkeit von Amerika fordert. Im ersten Jahr der amerikanischen Besatzung gab es mehr Todesstrafen als während der 300 Jahre spanischer Kolonialzeit! In den amerikanischen Gefängnissen starben 1905 von 1000 Gefangenen 438 an Hunger und Krankheit.
Während dieser Zeit bekamen die Unabhängigkeitsbewegungen ihre eigentlichen Impulse von der Religion. Schon während der spanischen Kolonialherrschaft hatten die Revolten einen religiösen Anstrich. Auch die Widerstandsbewegungen der amerikanischen Zeit waren religiöse Bewegungen, insofern die Leute einen Messias erwarteten, der sie aus ihrem Elend führte. Eine der stärksten religiösen Widerstandsbewegungen waren die «Colorums» (von saeculorum aus der Schlußformel vieler Gebete). Messiasglaube und militärisches Engagement verbanden sich zu einer Einheit. Abat Santos, der Gründer der sozialistischen Partei, schrieb darüber: «Solange die Massen auf den Messias warten, werden sie nie an ein

Ziel kommen. Wenn die Masse gerettet werden will, dann nur durch ihre eigene Kraft.»

Während das einfache Volk litt und kämpfte, arrangierte sich die ausgebildete Elite mit den Amerikanern. Sie bekam wichtige Posten. Als das Land der Kirche an die amerikanische Verwaltung zwangsverkauft werden mußte, wurde es nicht, wie versprochen, an Kleinbauern weitergegeben, sondern an amerikanische Konzerne wie an einflußreiche Philippinos. 1935 wurde das Amerikanisch-philippinische Commonwealth gegründet. 1946 kam es zur Unabhängigkeit des Landes, verbunden mit vielen Auflagen für das philippinische Volk und vielen Vorteilen für die Amerikaner.

Mit den Amerikanern waren die verschiedensten protestantischen Kirchen ins Land gekommen. Die katholische Kirche, einender Faktor auf den Philippinen, aufzubrechen, daran konnte Amerika nur gelegen sein. Dabei waren die nichtkatholischen Gruppierungen behilflich. Ihre Missionare und Lehrer arbeiteten in den neueingerichteten Schulen. Auch die amerikanische Gesetzgebung machte die protestantischen Missionare zu Partnern der Kolonialherren. Hinzu kam die Trennung von Kirche und Staat, wie sie im «Mutterland» vorhanden war. Das amerikanische Mittel, als Wohltäter zu erscheinen und gleichzeitig das Volk wirkungsvoll zu unterwerfen, war die Einführung der öffentlichen Schulen mit ausgewählten Schulbüchern. Die Spanier waren mit Schwert und Kreuz gekommen; die Amerikaner mit Überrock und Schulbuch.

Da beide Kirchen, sowohl die katholische als auch die evangelische, voll in der Erziehung standen, haben sie den Mythos von der wohlwollenden amerikanischen Aufbauarbeit mitverbreitet und schließlich bei der amerikanischen Überfremdung des Volkes mitgeholfen. Andererseits wurde durch die Trennung von Kirche und Staat die Kirche in Sakristei, Schule und Krankenhaus verbannt. Deshalb übte sie keine Anziehung auf die Jugend aus. Am Nachwuchs ist

das deutlich abzulesen. 1898 gab es trotz Unterdrückung durch die Mönche 675 Priester. 1939, nachdem sich die Bevölkerung verdoppelt hatte, nur 825 Priester und 154 Seminaristen. Später, als sich die Kirche der sozialen und politischen Entwicklung stellte und die Herausforderung annahm, zeigte sich ein starkes Anwachsen der kirchlichen Berufe. Von 1966 bis 1979 stieg die Zahl der Säkularpriester von 2107 auf 2648 und der Seminaristen von 1012 auf 3923. Vor allem bei Ordensschwestern war das Anwachsen der Zahlen von 1975 bis 1979 spektakulär: aus 6767 wurden 8106, und das in einer Zeit, in der viele ihre Schulen aufgaben: die 420 katholischen Schulen wurden auf 315 reduziert und die 963 höheren Schulen auf 952. Die Schwestern, sich kritisch der Situation der Gesellschaft bewußt geworden, hatten angefangen, sich anders zu engagieren.
Die amerikanische Herrschaft dauerte von 1898 bis 1942. Von 1942 bis 1944 wütete auf den Philippinen der amerikanisch-japanische Krieg. Manila wurde von den Japanern geplündert und zerstört wie Dresden während des 2. Weltkrieges. 1944 kamen die Amerikaner zum zweitenmal; 1946 endlich errangen die Philippinen die langerkämpfte Unabhängigkeit – aber mit hohen wirtschaftlichen Auflagen zum Vorteil Amerikas. Diese machen es bis heute schwer oder unmöglich, eine eigene Wirtschaft aufzubauen. Auch eine politische und soziale grundlegende Änderung scheint unmöglich. Noch 1947 wurden 23 große US-Stützpunkte errichtet; sie dienen ausschließlich militärischen Zwecken.

## Das Neuwerden der Kirche heute

Anläßlich der Mitgliederversammlung des Deutschen Katholischen Missionsrates in Würzburg 1978 sagte die philippinische Priorin der Missionsbenediktinerinnen, Dr. M.

Irene Dabalus, in einem Vortrag: «Die Kirche auf den Philippinen ist mehr als 400 Jahre alt. Jedoch ist sie zur Zeit eine neuwerdende Kirche Asiens. Diese neue Gestalt ist noch schwer beschreibbar, jedoch gibt es genug Ansätze, um diese neue Kirche zu kennzeichnen. Sie wird langsam aus einem sicher aufkommenden Bewußtsein des philippinischen Volkes geboren, daß eine alte Kirche, um echtes Christentum leben und bezeugen zu können, auf die heutigen Nöte und Bedürfnisse von Menschen eingehen und neue Aufgaben angesichts der Zeichen der Zeit auf sich nehmen muß.»[14]

## 1. «Unabhängigkeit» unter amerikanischer Vorherrschaft

Welches sind aber die Bedürfnisse und Nöte der Menschen? Wie schon gesagt, blieben nach der Unabhängigkeit Wirtschaft und Politik von amerikanischen Interessen bestimmt. Darum wurde den USA die Ausbeute von Rohstoffquellen zu gleichen Rechten wie den Philippinos gesetzlich zugesichert; ebenso die niedrigsten Löhne für philippinische Arbeitskräfte. Für die eigene industrielle und wirtschaftliche Entwicklung zeigten sich verheerende Folgen. Durch die Handelsauflagen (Bell-Akte) von 1946, die bis 1974 galten, konnte kein einheimischer Markt aufgebaut werden. Allen Waren aus Amerika mußte zollfrei Einlaß gewährt werden. Die Philippinen wurden zum «Schuttabladeplatz» für amerikanischen Überschuß. Die philippinischen Waren wurden mit hohen Zöllen belegt. Große Ländereien und Gebiete blieben in den Händen amerikanischer Großkonzerne und Landbesitzer. Auch die einheimischen Großgrundbesitzer und Illustrados profitierten von der amerikanischen Wirtschaftspolitik. Die zahlenmäßig sehr kleine Klasse der Reichen sah völlig apathisch und indifferent das Elend der großen Mehrheit. Sie benutzte das Volk, um eigene Interessen durchzusetzen. Während das Volk um Freiheit kämpfte, war sie immer bereit, mit den Besetzern zu kollaborieren und als Mittler zwischen Widerstand und Kolonisatoren zu fungieren und zugleich zu profitieren.[15]

So brachte die «Unabhängigkeit» für den größten Teil der Bevölkerung keine Verbesserung ihrer elenden Lage. Zu bedenken ist auch die desolate Situation nach den Kriegen. Der Krieg mit Japan hatte das Land geplündert und Manila völlig zerstört zurückgelassen. Die Wiedergutmachung, von den Amerikanern während des Krieges versprochen, um den Kampfgeist der Philippinos zu stärken, wurde nach dem Krieg an harte Bedingungen geknüpft. Zur hohen Arbeitslosigkeit und Inflation – der Peso ist verpflichtend an den Dollar gebunden – kamen die verschärften Handelsbedingungen. Zu ihnen behielt sich der Präsident von Amerika vor, jederzeit von Zugeständnissen zurückzutreten, falls sie nicht mehr im Interesse seines Landes lägen. Über die dazu erforderliche Gesetzesvorlage wurde auf den Philippinen abgestimmt. Auf der Seite Amerikas waren diejenigen, die auch früher schon von der Kolonialregierung profitiert hatten. Die Bauern und Arbeiter, die die Konsequenzen dieser Verträge zu tragen hatten, waren zu schwach vertreten, um sich dagegen durchzusetzen. Zudem wurden durch einen politischen Trick drei Senatoren der Nationalisten und acht Stimmberechtigte der demokratischen Partei von den Wahlen ausgeschlossen. Es zeigte sich, daß es notwendig war, diese elf Senatoren auszuschließen. Denn die notwendige Parität wurde nur mit einer Stimme Mehrheit gewonnen.

Nachdem der neo-koloniale Gewinnzuwachs gesetzlich verankert war, galt es, ihn auch militärisch abzusichern. Drei Tage nach der Wahl wurde ein Abkommen über die Errichtung von 23 US-Stützpunkten unterzeichnet; in ihnen gilt nur die amerikanische Jurisdiktion. 1953 bekamen die USA auch noch das Eigentumsrecht über diese Gebiete

(240 000 ha). Außerdem mußten sich die Philippinen verpflichten, militärische Auseinandersetzungen der Amerikaner mitzutragen, was im Korea- und Vietnamkrieg praktiziert wurde. Dazu kam ein Abkommen, welches den Amerikanern zugesteht, Waffen zu liefern, philippinische Soldaten auszubilden und eine Joint US Military Advisory Group, einen ständigen Militärrat, zur Beratung der philippinischen Streitkräfte zu stationieren. Dadurch kamen die philippinischen Militärs unter die Kontrolle des Pentagon.

Beim Aufbau der Industrie wurden immer mehr ausländische Firmen zu günstigsten Bedingungen ins Land gelassen, die mit der reichen Oberschicht kollaborierten. Durch die Abwertung des Peso, die hohe Arbeitslosigkeit, die sehr niedrig gehaltenen Löhne . . . ging es den Bauern, Arbeitern, Fischern und Landlosen immer schlechter. Ihre Situation eskalierte ins Unerträgliche. Der Widerstand der Bevölkerung wuchs. Streiks, Protestmärsche und Demonstrationen, in deren Verlauf Hunderttausende gegen die zunehmende Verschlechterung der Lebensbedingungen auf die Straße gingen, waren an der Tagesordnung. In dieser Situation verhängte Marcos 1972 das Kriegsrecht und rief eine neue Gesellschaft aus. Durch eine Agrarreform sollten die Lebensbedingungen der besitzlosen Bauern entscheidend verbessert werden. In Wirklichkeit begann eine Entwicklung der Unterdrückung der Menschenrechte, der wachsenden Militarisierung, wobei der Graben zwischen Armen und Reichen immer tiefer wurde.[16]

## 2. Erste Reaktionen der Kirche

In dieser Situation wurden für die Kirche die Fragen immer dringlicher: Was tun? Auf wessen Seite stehen? Die Kirche konnte nicht länger schweigen. Denn neben der Regierung

ist sie die mächtigste Institution des Landes; 85 % der 50 Millionen Philippinos gehören zur katholischen Kirche; 7 % zu evangelischen Kirchen, 4 % sind Muslime. Mit ihren Mitarbeitern und dem gesamten Organisationsapparat ist die Kirche in mehr als 2100 Pfarreien mit unzähligen Außenstationen anwesend. Zu ihnen zählen 5000 katholische Priester, 7500 Ordensschwestern und mehrere Tausend Laienmitarbeiter. In 2000 Erziehungsinstitutionen, darunter 921 höheren Schulen, 159 Kollegien, 12 Universitäten arbeiten ca. 15 000 Lehrer an der Ausbildung von mehr als 1 000 000 Studierenden. Die Kirche verfügt über 16 Radiostationen und besitzt einige Verlagshäuser und Druckereien. Sie gibt Bücher, Zeitungen und Zeitschriften heraus. Das mächtigste Organ ist die philippinische Bischofskonferenz (CBCP) mit 110 philippinischen Bischöfen; 20 davon sind Mitglieder religiöser Gemeinschaften. In ihrer jetzigen Form 1968 ins Leben gerufen, ist ihr Präsident Erzbischof Mabutas von Davao. So ist es nicht übertrieben zu sagen, daß die katholische Kirche eine starke kulturelle, soziale und politische Kraft des Landes ist.
Innerhalb der Kirche gibt es, grob eingeteilt, zwei Richtungen: die Reformisten und die Radikalen. Diese beiden Richtungen vertreten verschiedene Aufgaben und Ziele, je nach der Situationsanalyse bzw. «Bestandsaufnahme», die sie beide machen. Die Reformisten vertrauen auf diplomatische Verhandlungen zwischen Kirche und Staat; sie zielen auf die Verbesserung der Lage durch Reformen innerhalb der Institutionen. Die Bewegung der Radikalen wurde um so stärker, je eindeutiger Mißerfolge auf dem Verhandlungswege zu verzeichnen waren. Ihnen geht es vor allem darum, durch soziale Analysen die Wurzel des Übels freizulegen und zu bekämpfen.
Es waren die Reformisten, die alles taten, um mit der Regierung ins Einvernehmen zu kommen und entsprechende Reformen zu erreichen. Zu diesen Bemühungen gehörte

der *Kongreß für landwirtschaftliche Entwicklung* (1967). Eine Woche lang dauerten die beratenden Gespräche auf höchster Ebene. Die Bischofskonferenz hatte dazu eingeladen. Eine nie dagewesene Zusammenarbeit schien sich anzubahnen, kirchlicherseits war man euphorisch. Für 1968/69 wurde ein Jahr der Sozialen Aktion ausgerufen. Als soziales Hauptproblem wurde das Landeigentumsproblem in Verbindung mit den feudalen Strukturen genannt. Das Dokument der Bischofskonferenz wurde so abgefaßt, daß die Harmonie Kirche/Staat in keiner Weise getrübt werden konnte. Die Tatsache, daß das Land von fremden Interessen und Einflüssen beherrscht war, schien der kirchlichen Hierarchie kaum bewußt. Deshalb war sie auch nicht Gegenstand der Problemanalyse. Die Bischöfe riefen die Ausländer lediglich auf, zum Wohl der Nation beizutragen, damit keine ausländerfeindliche Haltung entstünde. Zur Lösung des sozialen Elends wurden alle Christen aufgefordert, an der bevorstehenden Landreform mitzuwirken. Jedoch wurde die notwendige Landreform nie ernstlich angepackt. Rainer Werning geht in seinem Buch «Agrarreform und Kriegsrecht» eingehend auf diese Tatsache ein. Die von Präsident Marcos ausgerufene Landreform war eher eine kosmetische Propaganda, die die verarmte Bevölkerung nicht ernstlich berührte. In der Presse wurde zwar der Kongreß für landwirtschaftliche Entwicklung positiv beurteilt und die zahlreichen Initiativen, die daraus entstanden, gewürdigt. Aber als Ergebnis bleibt wahr, was ein Journalist schrieb: «Viele wundervolle Anstrengungen wurden gemacht, aber das wirkliche Problem wurde nicht angepackt.»

So war die Kirche in Fragen der Landreform nicht wirklich engagiert: Beim Zusammenschluß von Bauern, der Einarbeitung in moderne Techniken und beim Aufbau von Kooperativen war die Kirche kaum anwesend. Sie schwieg über Arbeitslosigkeit, Korruption und andere Mißstände.

Sie wollte Veränderung, aber sie wollte sich nicht selbst verändern.
Dennoch ist als wichtiger Schritt der Bischofskonferenz die Schaffung eines Nationalen Sekretariats für soziale Aktionen, NASSA, festzuhalten. Dieses Büro stellte ein Programm auf, das klar zeigte, wie die Kirche das Problem sah und welche Aufgaben sie dabei zu übernehmen gedachte. Grundsätzlich teilte sie die Auffassung, daß das feudalistische System das Hauptproblem darstelle. Interessanter als die Analyse sind die praktischen Gründe, die angegeben wurden, um das Engagement der Kirche zu rechtfertigen. Die Kirche habe eine geeignete Struktur und Verwaltung, um solche Programme durchführen zu können. Eine ähnliche Struktur aufzubauen, wäre für die Regierung sehr kostenaufwendig und nicht schnell genug realisierbar, um die ständig schlimmer werdende Situation aufzuhalten. Es wurde auf das Vertrauen hingewiesen, das Priester und Pastoren bei Bauern, Arbeitern und Fischern genießen. Zudem liege im Blick auf sich verändernde Werthaltungen die Aufgabe der Kirchen in der Erziehung. Deshalb wurde der Hauptakzent der kirchlichen sozialen Aktionen auf die Erziehung gelegt. Die Elite sollte zur sozialen Gerechtigkeit hin erzogen werden. So sah der Kongreß auch nicht die Notwendigkeit, Einrichtungen der Kirchen preiszugeben, vor allem keine Schulen, in denen ja die meisten kirchlichen Mitarbeiter beschäftigt sind. Der Kongreß, auf die Erziehungsarbeit fixiert, gab so keine grundsätzlich neue Aus richtung; er trug nicht zu einem neuen Image der Kirche bei. Ein Hirtenbrief zum Thema «Soziales Bewußtsein» wurde nie veröffentlicht. Bischof Claver meinte dazu, daß wohl die Mehrheit der Bischöfe nicht einsahen, daß soziale Aktionen etwas mit der Aufgabe der Kirche zu tun hätten.
Wie schon angedeutet, war die Reaktion der Öffentlichkeit sehr positiv. Vor allem, weil zu sozialen Aktionen Stellung bezogen wurde. Über sie wurde festgestellt, daß sie von

oben nicht aufgezwungen werden könnten; auch wurde bemerkt, daß spontane Aktionen der verelendeten Massen gewalttätig und blutig verlaufen könnten und vielfach gesteuert seien von Radikalen und Extremisten, die die atheistische Ideologie vertreten. Aber es wurde auch gesagt, daß es vorrangig sei, die Leute so auszubilden und so zu organisieren, daß sie fähig würden, für ihre Rechte zu kämpfen.
Obwohl also die Reaktion sehr positiv war, blieb der Erfolg des Kongresses sehr kurzlebig. Noch im April des gleichen Jahres demonstrierten 30 junge Leute aus katholischen Schulen vor dem Palast von Erzbischof Santos. Sie reklamierten Taten. Es sei viel geredet worden, aber Taten seien nicht erfolgt. Sie nannten sich selbst «Laienvereinigung für nachkonziliare Reformen». Diese Gruppe stellte Fragen, die das Landeigentum der Kirche und kirchliche Kapitalanlagen betrafen. Der Ruf der Kirche nach Reformen wurde zu einem Echo nach der Reform der Kirche. Die Frage stellte sich immer lauter, ob es genüge, innerhalb der kirchlichen Rahmenbedingungen soziale Aktionen für die Armen durchzuführen. Konkret hieß es: «Sind die Kardinäle, Bischöfe, Priester und Nonnen bereit, ihre Paläste und geschlossenen Klöster zu verlassen und wirkliche Betroffenheit für die Armen zu zeigen?»
Was die Gruppe vor allem anstrebte, war die Dialogfähigkeit der Kirche nach demokratischen Spielregeln, wobei den Laien ein größeres Mitspracherecht in kirchlichen Dingen zukommen sollte. Dabei wurden Zweifel laut, ob die Kirche überhaupt fähig sei, sich zu verändern oder Veränderungen hervorzubringen. Fr. Ben Villote behauptete sogar, die Kirche sei zu einem Roboter degeneriert, gemacht, um die kirchliche Maschinerie am Funktionieren zu halten, sogar auf Kosten von Menschen. Dabei würden Gehorsam und Klugheit als Haupttugenden deklariert. Am meisten damit beschäftigt, die eigene Macht zu erhalten, gehe es nicht um die Menschen und ihre Lebensprobleme.[17]

## 3. Der Besuch von Papst Paul VI.

Ein auslösendes und wichtiges Moment für das soziale Engagement der philippinischen Kirche wurde schließlich der Besuch Papst Pauls VI. am 27. 11. 1971. Drei Wochen vor dem Besuch des Papstes verlautete aus Regierungskreisen, die Kirche sei das größte Hindernis für den Fortschritt. Das Klima zwischen Kirche und Staat hatte sich wesentlich verschlechtert.

Als der Papst seine Ansprache vor der Bischofskonferenz hielt, schrieb ein Kommentator (Journalist Quijano de Manila, Free Press), der Papst habe den Konservativen in der Kirche «kalte Füße» gemacht, und es müsse gesagt werden, daß sich der päpstliche Besuch nicht als so erfreulich herausgestellt habe, wie manche Bischöfe es sich gewünscht hätten. Tatsächlich hatte der Papst die ungerechte Verteilung des Reichtums bedauert, den Dynamismus der jungen und hervorragenden katholischen Tradition gerechtfertigt, die nicht nur als eine festgelegte Lehre, sondern als eine Verteidigung der Armen und Schwachen gegenüber jeder Form von Ungerechtigkeit anzusehen sei. Eigentlich hatte man den Papst auf die Verurteilung und Bekämpfung des Kommunismus festlegen wollen; aber der Papst ließ dieses Thema beiseite und verurteilte jede Form von Ungerechtigkeit. Er betonte, die Kirche müsse sich auf die Seite der Armen und Schwachen stellen und sie gegen jede Form von Ungerechtigkeit verteidigen.

Eine gemäßigte Gruppe von Laienchristen, aus katholischen Schulen kommend, hatte sich, mit Klerikern zusammen, in verschiedenen Bewegungen organisiert: Christlicher Sozialismus; Vereinigung freier Arbeiter; Kongreß für Gewerkschaften; Vereinigung freier Bauern. Dies sind Namen einer Vorhut, die an die Macht des parlamentarischen Kampfes glaubten, während die linken Nationalen Demokraten an den bewaffneten Kampf dachten. Die christlich-

soziale Bewegung orientierte sich an Martin Luther King. Aber sie verfehlte ihre Wirkung, weil sie eine bürgerliche Initiative blieb.
Eine andere Gruppe vereinigte Priester, Nonnen und Laienchristen. Sie ging auf die Straße, aufs Land. Viele Jugendliche schlossen sich ihr an. Die Bewegung ging von dem Steyler Pater Edicio de la Torre aus. Sie forderte wirkliche Landreformen, bildete Streikposten, engagierte sich mit ihrer Aufklärungsarbeit in Schulen, worauf sie bald die staatliche Gewalt zu spüren bekam. 1970 wurde der Jesuitenpater Ed. Garcia bei einer Demonstration verhaftet.

## 4. Verhängung des Kriegsrechtes

Das vorsichtige Taktieren der Hierarchie in dieser Situation war nicht nur einigen Bischöfen, sondern vielen engagierten Christen und Priestern zu langsam und zu uneffektiv. Daß zudem die Kirche in zwei Lager gespalten war, in Progressive und Konservative, zeigte sich am deutlichsten nach der Verhängung des Kriegsrechts am 21. September 1972. In ihrer Stellungnahme vom 29. September sind die Bischöfe so vorsichtig, daß Marcos diesen Hirtenbrief als Bestätigung seiner Politik interpretieren mußte. Während die Bischöfe das Volk zur Ruhe und Besonnenheit aufforderten, schrieben zwei Tage später 17 Bischöfe einen eigenen Brief von höchster politischer Brisanz. Darin wird das Kriegsrecht als ein gewalttätiger Weg angesehen, um Reformen für eine «Neue Gesellschaft» einzuführen. Die Bischöfe äußern die Überzeugung, daß Veränderungen des Herzens nicht verordnet werden könnten und verlangten: 1. daß die Zeit des Kriegsrechts sehr kurz sein und drei Monate nicht übersteigen sollte; 2. daß alle Gefangenen einen ordentlichen zivilen Prozeß bekommen sollten und 3. daß noch vor Aufhebung des Kriegsrechts die Rede- und Pressefreiheit wiederhergestellt werden solle. Auch die höheren Ordensoberen wandten sich in einem Brief an den Präsidenten. Denn auch bei den kirchlichen Mitarbeitern waren Angst und Verwirrung ausgebrochen. Von nun an konnte jede soziale Aktion als subversiv ausgegeben werden, was auch gelegentlich geschah und eine Welle von Verhaftungen zur Folge hatte.

Daß kirchliche Kreise die politischen Ereignisse unterschiedlich interpretierten, zeigte sich immer deutlicher in Diskussionen und offiziellen Stellungnahmen. Als sich Marcos im Dezember 1972 durch eine Volksbefragung das Kriegsrecht als Wille des Volkes bestätigen lassen wollte, wurde die Bischofskonferenz zu einer «Krisensitzung». Trotz der Einsicht, daß eine solche Wahl unter Kriegsrechtsbedingungen nie frei sein könne, entschieden sich die Bischöfe in einem gemeinsamen Hirtenbrief, die Leute zur Wahl aufzufordern, zu einer «intelligenten, bewußten und mutigen» Wahl.

Der Präsident ging auch auf den Brief der 17 Bischöfe ein, indem er sie zum Gespräch einlud. Bei diesem Gespräch, wie Bischof Claver später seinen Priestern mitteilte, sicherte der Präsident allen kirchlichen sozialen Aktionen ohne jede Störung Garantie und Schutz zu. Die Kirche habe wegen ihres besonderen Auftrags in der Welt die Verpflichtung, «jedes Unrecht, wo immer sie es antrifft, auszusprechen . . .». Weiter wurde mit der Bischofskonferenz ein direkter Draht zum Präsidenten vereinbart, um alle eventuellen Übergriffe und jeden Machtmißbrauch verhindern zu können.

Trotz dieser Abmachungen wurden weiterhin Priester, die bei sozialen Aktionen beteiligt waren, verhaftet. Militärische Übergriffe waren an der Tagesordnung; Gebiete armer Leute waren besonders gefährdet. Das führte bei einigen Bischöfen zu harter Kritik. Bischof Claver schrieb nach dem Referendum an den Vorsitzenden der Bischofskonfe-

renz, Bischof Alverto: «Wenn wir die Volksbefragung als Stimme des Volkes annehmen, belügen wir uns selbst. Jeder weiß, daß unser ‹einfaches› Volk, besonders in den Dörfern, unter Druck, Einschüchterung und sogar Gewalt stand, um das zu wählen, was vorgeschlagen war.» Daß das Referendum nicht die Basis der Legitimation des Kriegsrechtes sein konnte, stand für Bischof Claver fest. Er äußerte seine Enttäuschung über die Gleichgültigkeit der Bischöfe. Bei einer späteren Bischofskonferenz verließ Bischof Nepomuceno die Versammlung aus Protest. Er sagte später, er sei einfach traurig gewesen über das Verhalten der religiösen Führer der Kirche.
Sieben Jahre nach dem Erscheinen von «Populorum Progressio» begriffen auch die philippinischen Bischöfe die ausländische Wurzel der Unterentwicklung. Im Hirtenbrief vom 25. Juli 1973 «Evangelisation und Entwicklung» nehmen sie Stellung dazu. Dieser Hirtenbrief spricht eine klare Sprache. Trotzdem führen die neuen Erkenntnisse nicht zum Handeln, auch nicht zu einer energischeren Haltung in der Frage des Kriegsrechtes. Bischof Claver bedauerte, daß die Bischofskonferenz nur aktiv würde, wenn die Interessen der Kirche auf dem Spiel stünden, also bei der Besteuerung privater katholischer Schulen, bei der Besteuerung des kirchlichen Privateigentums, im Falle der Gefährdung der religiösen Freiheit durch die Regierung, wo Familienplanung und Gewaltanwendung gegen Kirchenleute zur Diskussion stünden. 1973 wurde die Versammlung der höheren Ordensoberen aktiv. Sie stellte ein Team zusammen, welches ständig über wichtige Fragen wie Landreformen, Arbeitssituation, Preise, Bewußtseinsbildung und Kirche informieren sollte. Der Bericht dieser Kommission wurde den Beteiligten an einer Tagung zum Thema Kirche/Staat/Konflikt übergeben. Das Militär war wütend über diesen Bericht. Die höheren Ordensoberen bezeichneten es dagegen als ihre Pflicht, über die Vorgänge im Land zu informie-

ren. Die 1973 geschaffene Vereinigung Kirche/Militär befaßte sich mit dem Dokument, in dem viele Gefangennahmen, Hausdurchsuchungen kirchlicher Einrichtungen usw. festgehalten waren.

## 5. Der Widerstand der Kirche formiert sich

Ein Test für die Einigkeit der Kirche war das Jahr 1974. Der Oblatenpater Hagad wurde gefangengenommen und gefoltert. Anstatt sich zu entschuldigen und von ihrem Vorgehen Abstand zu nehmen, klagten die Militärs die Kirche an, daß sie ohne vorheriges Gespräch solche Berichte veröffentlichte und dadurch die Öffentlichkeit aufhetze. Durch die verschiedenen Erfahrungen belehrt, kam die Versammlung der höheren Ordensoberen zu dem Schluß, daß die Zeit zum Handeln gekommen sei. Die praktische Folgerung aus dem erstellten Gutachten bestand in der Gründung verschiedener «Task Forces»: Arbeitskreise für dringende Aufgaben, z. B. den Arbeitskreis für politische Gefangene; für Gerechtigkeit und Frieden; für statistische Erhebungen; Bewußtseinsbildung ...

Die Reaktionen auf die militärischen Übergriffe und Hausdurchsuchungen waren bei den Bischöfen nicht einheitlich. So überstürzten sich 1974 die Ereignisse. Am 26. Juni wurde das Haus eines evangelischen Pastors überfallen, durchsucht und elf Leute, darunter der zehnjährige Sohn des Pastors, festgenommen. Am 24. August nahmen 150 Paramilitärs Pater Blanco SJ, 13 Seminaristen und sieben Slumbewohner im Noviziat der Jesuiten fest. Im gleichen Jahr wurden Alvares und Santiago Arce zu Tode gefoltert. Dazu kam die Verleumdungskampagne in den öffentlichen Medien gegen kirchliche Mitarbeiter, auch Bischöfe wurden als Kommunisten angeprangert. Die Verleumdungskampagne war sehr wirkungsvoll. Oft genügte die Aussage einer Zeitung, daß Bischöfe die Politik der Regierung voll unterstützten. Es war die Politik des «Teile und herrsche».

Als sich Präsident Marcos 1975 wiederum in einer Volksbefragung das Kriegsrecht bestätigen lassen wollte, wurde die Konferenz der höheren Ordensoberen eindeutig in ihrer Ablehnung. Auch das Sekretariat der Mindanao-Sulu-Sozial-Aktion sprach sich klar für den Boykott des Referendums aus. Als sich die höheren Ordensoberen an die Bischofskonferenz wandten und um Unterstützung baten, konnte sich diese nicht entschließen. Kardinal Rosales verpflichtete sogar die Ordensleute seiner Diözese, unter Androhung der Exkommunikation, zur Wahl zu gehen. Im Papier der höheren Ordensoberen heißt es: «Wir wollen unsere Haltung nicht herunterspielen; wir sind uns der Konsequenz bewußt, daß wir unter Kriegsrecht mit sechs Monaten Gefängnis rechnen müssen, wenn wir nicht zur Wahl gehen.»

Keiner, der nicht zur Wahl ging und am Boykott teilnahm, wurde verhaftet. Von Rom wurde die Versammlung der höheren Ordensoberen zurechtgewiesen. Auch an die Bischöfe ging ein Appell, die Orden zur Ordnung zu rufen. In Rom war man um die Einheit der Kirche besorgt, da die Bischofskonferenz nicht einstimmig gegen den Boykott aufgerufen hatte. Als die Kongregation der Bischöfe unter Kardinal Pironio und die Kongregation der Religiosen unter Kardinal Baggio von Rom aus scharf reagierten, schrieben 17 Bischöfe ihre ausführliche Antwort nach Rom. In diesem Dokument «Ut omnes unum sint» beschreiben sie die Situation in der Bischofskonferenz seit Verhängung des Kriegsrechts. Sie weisen darauf hin, daß eine wirkliche Einheit der Bischöfe nie bestanden habe und vielleicht notwendigerweise gar nicht bestehen könne. Wenn aber eine Pluralität in der Behandlung einer Frage erlaubt sei, käme man sicher besser zur Einmütigkeit als durch eine Disziplinie-

rung zur Uniformität. Außerdem verweisen die Bischöfe darauf, daß sie in ihrem Handeln von den kirchlichen Verlautbarungen und Dokumenten: Populorum Progressio, Evangelii Nuntiandi, von Ansprachen des Papstes vor der asiatischen Bischofskonferenz, inspiriert seien . . .
Der philippinischen Regierung bot die Uneinigkeit der Bischöfe die Möglichkeit, noch härter zuzuschlagen. So wurden allein im November/Dezember 1976 viele Verhaftungen von kirchlichen Mitarbeitern vorgenommen: in Manila (im Asian-Social-Institut) Fr. Edward Gerlock; die kirchliche Radiostation auf Mindanao wurde geschlossen, die Zeitung verboten; in Zamboanga wurden drei Priester ausgewiesen, in Tagum und Davao 73 kirchliche Mitarbeiter, ein Priester und ein Seminarist, aus jeder Pfarrei fünf Mitarbeiter. Die Räume der Zeitschrift der höheren Ordensoberen «Signs of the times» und der Jesuitenzeitschrift «Communicator» wurden geschlossen.
Die Zeit für diesen harten Schlag war von der Regierung gut gewählt, denn die Bischofskonferenz hatte einen sehr konservativen Kardinal als Vorsitzenden, so daß von dort kein Protest zu erwarten war. Dennoch führten die Ereignisse zu einer neuen Gangart. Als erste faßten sich die Frauenorden. Sie veröffentlichten die neue Zeitschrift «Ichthys». Der Fisch als ihr Symbol sollte, wie in der frühen Christenheit, ihren Glauben ausdrücken. Schließlich hatte es auch die römische Regierung bereits als ein Verbrechen hingestellt, wenn jemand vorgab, ein Christ zu sein. Christen wurden schon damals inhaftiert, gefoltert und getötet . . . Diese neue Veröffentlichung, ohne offizielles Büro, ohne Adresse, entsprach der neuen Katakombensituation.
Die Reaktion der Kirche in dieser Situation war verschiedenartig. Vier Haltungen sind festzustellen:
1. Die Kirche verkündet ihre Lehre über Liebe, Gerechtigkeit und Frieden, ohne die reale Situation, in der die Men-

schen leben, mit zu bedenken, sich darin verwickeln zu lassen; aber sie will auch kritisch sein.
2. Die Kirche ist kritisch, aber nicht verwickelt in politische Geschäfte. Sie spricht offen aus, daß die gegenwärtige Situation Ungerechtigkeit hervorbringt, aber de facto kümmert sie sich ausschließlich um die Sakramentenspendung.
3. Die Kirche kann sich mit Lehren nicht zufriedengeben; sie muß auch danach handeln, sich organisieren, mit Gruppen arbeiten, sich möglicherweise mit einer bestimmten Klasse identifizieren. Sie muß kritisch bleiben, nicht nur anderen gegenüber, sondern auch sich selbst gegenüber, damit dem Gebot Christi der Liebe keine Gewalt angetan wird.
4. Die Kirche soll sich total einbringen, sogar zur Gewalt Zuflucht nehmen, wenn keine anderen Mittel mehr zur Wahl stehen. Auch diese Haltung haben einige angenommen, vor allem Priester, die in den Untergrund abgewandert sind und zu den Waffen gegriffen haben, auch wenn es die Lehre der Institution nicht zuließ.

## 6. Eine Kirche des Volkes entsteht

Seit 1979 scheint eine neue Orientierung stattgefunden zu haben, insofern als die protestierende Kirche stärker geworden ist. Jüngste Ereignisse, vor allem die Ermordung des Oppositionsführer Aquino, der aus dem amerikanischen Exil kommend auf dem Flughafen erschossen wurde, angeregt durch höchste Regierungskreise, wie man heute weiß, haben die Kräfte des Protestes neu geeint. Für die Wahl 1984 unter kriegsrechtsähnlichen Bedingungen ging ein Boykottaufruf durch das ganze Land. Bischöfe und Orden riefen dazu auf. In den Dörfern vor allem haben die Militärs mit brutaler Gewalt versucht, Menschen zur Wahl zu zwingen. 45 Stunden vor der Wahl wurden 275 Menschen getötet, um ein Klima der Angst zu schaffen. Am Tag der Wahl noch 109 Menschen. Diese Erschießungen waren willkürlich, wie Augenzeugen berichten. In Negros stiegen neun junge Männer aus dem Bus, um zum Basketballspiel zu gehen. Sie wurden von vorbeikommenden Militärs festgenommen, gefoltert und erschossen. Am Abend fand man sie im Maisfeld. Dennoch boykottierten neun bis zwölf Millionen Philippinos die Wahl, wobei weite Kreise der offiziellen Kirche auf ihrer Seite standen. Überall waren auf Fotos Ordensschwestern zu sehen, wie sie Boykottblätter austeilen und an Protestmärschen teilnehmen. Es ist ein Grund stolz zu sein, daß die Kirche den Mut gefunden hat, eine Kirche der Armen und Unterdrückten zu sein.

Auch die Konferenz der Bischöfe mit den Geschäftsleuten 1984 stand im Zeichen der zunehmenden Opposition. Die Konferenz, unter dem Thema «Nationale Wiederversöhnung» stehend, machte allerdings auch deutlich, daß der größte Teil der Bischöfe direkt oder indirekt Präsident Marcos unterstützte unter dem Motto: «Kritische Zusammenarbeit». Diese Mehrheit repräsentierte die bessere Mittelklasse und die Reichen der philippinischen Gesellschaft. Oft standen sie direkt oder indirekt mit der politischen Elite in Verbindung wie auch mit dem großen Teil der reichen Geschäftsleute; insofern auch mit der führenden Opposition im Parlament.

Viele Teile der Kirche, die sich den Armen und Unterdrückten verbunden wußten, glaubten nicht mehr an eine nationale Wiederversöhnung. Zu oft wurden ihre ehrlichen Initiativen mißbraucht. Eine Ordensschwester erzählte, daß es zwischen Priestern, Bischof und Militärs Treffen gab und die Leute im Schutz der Kirchenmänner offen vor dem Militär schilderten, was sie zu erdulden hatten, einschließlich der Folterungen. Trotz aller Versprechen wurden sie später umgebracht.

Der Aufruf Kardinal Sins zu einem Konzil nationaler Versöhnung wurde daher von vornherein von vielen mit großem Mißtrauen aufgenommen. Man glaubte, durch ein solches Konzil nur die politische Position von Marcos zu stärken. Viele erinnerten an die nutzlosen Gespräche und folgerten daraus: «Die Kirche muß aus ihrer eigenen Erfahrung lernen, die sie bei Dialogen mit einer Diktatur gemacht hat. Die Verbindung der Kirche zum Militär war unnütz und hat bisher keine Erfolge zu verbuchen gehabt: militärische Übergriffe, Machtmißbrauch und Folter gehen weiter. Dialoge von Kirche und Staat haben Repressionen nicht gemildert; die Störaktionen gegen die kirchliche Arbeit gingen weiter, und nach wie vor werden kirchliche Mitarbeiter gefangengenommen und gefoltert.»[18]
Auch der Aufruf von Kardinal Sin und der Bischofskonferenz, zur Wahl zu gehen, hat in keiner Weise zur Verbesserung der Lage beigetragen. Dennoch: trotz der immer größer werdenden Kluft in der kirchlichen Hierarchie bildete sich eine Kirche des Volkes heraus. Der gewaltige Umbruch, den die Kirche der Nachkonzilszeit erfahren hat, läßt sich vielleicht auf die Kurzformel bringen: Hier ist das Ziel kirchlicher Arbeit nicht mehr die «Betreuung» bzw. «Versorgung» der vielen durch die wenigen, die der klerikalen Hierarchie angehören; vielmehr wird das Volk selbst zum Träger und Gestalter der eigenen Geschichte: sowohl im gesellschaftlichen als auch im kirchlichen Bereich.
Weil im einzelnen darüber in diesem Buch die Rede sein wird, sollen hier die Initiativen der philippinischen Kirche nur kurz genannt werden:
1. die Entscheidung der philippinischen Bischofskonferenz 1974, die Errichtung von Basisgemeinschaften als Hauptziel der kirchlichen Arbeit zu erklären;
2. das Nationale Sekretariat der Bischofskonferenz (NASSA), welches Bewußtseinsbildung der armen Bevöl-

kerungsschichten betreibt im Sinne des Kampfes für mehr soziale Gerechtigkeit und Frieden;

3. die Konferenz der höheren Ordensobern (AMRSP), die sich auf die Analyse der Situation des Volkes konzentriert, um so eine Kirche des Volkes entstehen zu lassen;

4. der Arbeitskreis für politische Gefangene (TFDP), der sich mit großem Erfolg um die «Öffentlichkeit» von Menschenrechtsverletzungen durch die politisch Mächtigen kümmert;

5. die Rural Missionaries, jene Schwesterngemeinschaft aus verschiedenen Orden, die sich die Alphabetisierung, die Verbesserung der Ernährung, die Förderung der Gesundheit der Landbevölkerung auf die Fahne geschrieben hat mit dem Motto: Hilfe zur Selbsthilfe im Namen des das Heil des Menschen wirkenden Gottes der Geschichte;

6. die Urban Missionaries, jene Schwesterngemeinschaft, die ähnliche Ziele in den Slums der Großstädte verfolgt;

7. der Karmel: den Träumen des Vaters gewidmet. Dieser stellt das Herz, die spirituelle Mitte der Prälatur Infanta dar. Denn alles, was geschieht, soll und kann immer nur aus einer tiefen Gottesverankerung heraus geschehen. Gott ist immer ein Gott der Geschichte, der sein Volk erwählt, den Spuren des Vaters zu folgen. (Die neueste Entwicklung ist dem Vorwort zu entnehmen.)

# Den christlichen Basisgemeinden gehört die Zukunft

## Das Urteil eines Bischofs[19]

Von Julio X. Labayen *

Wenn in hundert Jahren, dem 125. Jahrestag der Fastenaktion, Kirchenhistoriker auf unsere heutige Zeit zurückblikken, werden sie sagen können, welches die wichtigsten Bewegungen in der Kirche von heute gewesen sind. *Wir* können es noch nicht mit Sicherheit tun. Was wir jetzt für bedeutend halten, stellt sich vielleicht einmal als Eintagsfliege heraus; was wir für unwichtig halten, mag sich auf lange Sicht als Ereignis von bleibender Bedeutung erweisen. Als Christen sollten wir dem Paradox der Geschichte gegenüber besonders feinfühlig sein. Deshalb können wir nur Vermutungen aussprechen, wenn wir sagen, daß diese oder jene Bewegung oder Persönlichkeit unserer Tage dauerhaften Einfluß in der Kirche behalten wird. Gestatten Sie mir also, Vermutungen auszusprechen. Jahrestage sind eine gute Gelegenheit dazu.

## Die Bedeutung der christlichen Basisgemeinden

Ich vermute also und sage voraus, daß sich die christlichen Basisgemeinden (communidades de base) als *die mäch-*

*tigste Kraft in der Kirche der Zukunft* erweisen werden. Ich sage voraus, daß sie auf die gesamte Kirche ebenso stark einwirken werden wie die Mönchsorden – die Benediktiner zum Beispiel – vom 5. Jahrhundert bis zum Mittelalter; oder wie die Jesuiten und die anderen Orden vom 16. Jahrhundert bis zur Gegenwart; oder wie die protestantischen Kirchen in den letzten Jahrhunderten.
Ich sehe voraus, daß die Kirche die Notwendigkeit einsehen wird, das Wachstum der christlichen Basisgemeinden zu fördern. Eine solche Entscheidung würde für das Leben der Kirche ebenso wichtig sein wie der Beschluß des Konzils von Jerusalem, die Kirche auch den Nichtjuden zu öffnen – unter deren eigenen Bedingungen.

## 1. Was sind christliche Basisgemeinden?

Unter christlichen Basisgemeinden verstehe ich kleine Christengruppen, die sich auf lokaler Ebene treffen, um zu beten, zu singen, über das Wort Gottes zu reflektieren; um gelegentlich die Sakramente zu feiern und einander zu helfen, die Probleme zu lösen, mit denen sie im Leben konfrontiert werden. Christen, die das tun, sind gewöhnlich arme Leute in den Slums der Städte und in den ländlichen Gebieten der sogenannten Dritten Welt. Sie sind nicht nur arm; sie werden auch schlecht behandelt; ihnen wird das Recht auf menschliche Würde verweigert. Die Basisgemeinden betonen die Mitwirkung ihrer Mitglieder auf der Grundlage gemeinsamer Taufe und Menschenwürde. Sie stellen keinen Gegensatz zur übrigen Kirche dar, obwohl das manche Leute glauben. Die Benediktiner und Jesuiten wurden auch am Anfang mißverstanden.
Die christliche Basisgemeinde läßt eine neue Funktion und

* Zur Person des Bischofs siehe S. 147f.

Form von Gemeinschaft erkennen. Sie nimmt Anteil an der Welt von heute; als Kirche ist sie bestrebt, die dringenden Bedürfnisse der Menschen wirklich zu kennen, um darauf antworten zu können; sie will bewußt den Schrei der Armen hören, damit sie eine wirkliche Frohbotschaft wird, anstatt sie nur zu verkünden. Paul VI. schreibt über sie: «Sie entstehen aus dem Bedürfnis heraus, das Leben der Kirche noch intensiver zu leben, oder aus dem Wunsch und dem Suchen nach einer persönlicheren Atmosphäre, die die großen Gemeinden nur schwer bieten können ... Diese Gemeinschaften sind ein Ort der Evangelisierung zum Wohl größerer Gemeinschaften, insbesondere der Ortskirchen (Diözesen) ... und eine Hoffnung für die universale Kirche.» (1975)[20]

In Lateinamerika, besonders in Brasilien und Chile, gibt es eine Vielzahl von christlichen Basisgemeinden; ebenso in Asien, Afrika und sogar in den Industrieländern.[21] Die Gesamtzahl der Mitglieder von Basisgemeinden ist gering im Vergleich zur Zahl der Angehörigen der Kirche in den verschiedenen Kontinenten. Die Mitgliedschaft allein kann nicht ausschlaggebend sein für die Behauptung, daß die Basisgemeinden die zukünftige Gestalt der Kirche bestimmen werden.

## 2. Warum sind die christlichen Basisgemeinden so wichtig?

Sie sind zuallererst deshalb so wichtig, weil die Basisgemeinden innerhalb der Kirche konkret auf die Bestrebungen der Menschen von heute zu antworten scheinen. Papst Paul VI. weist in «Octogesima adveniens» darauf hin, daß die beharrlichste Bestrebung der Menschen heute der Anspruch auf Gleichheit und Mitbestimmung ist, beides Ausdrucksformen menschlicher Würde und Freiheit (Nr. 22).

In seiner Botschaft zum diesjährigen Weltfriedenstag wiederholte Papst Johannes Paul II. die Bedeutung der Mitwirkung des Volkes bei der Fällung von Entscheidungen. Er führte an, daß Gewalt und Ungerechtigkeit kaum vermieden werden können, wenn das menschliche Grundrecht auf Mitwirkung verweigert wird:

«Eine Welt von Gerechtigkeit und Frieden kann nicht durch Worte allein geschaffen werden, und sie kann auch nicht durch äußere Kräfte auferlegt werden: Sie muß gewollt und herbeigeführt werden durch die Mitarbeit aller. Es gehört wesentlich zum Menschen, einen Sinn für Mitwirkung zu haben, um teilzunehmen an den Entscheidungen und Bemühungen, die das Geschick der Welt bestimmen. Gewalt und Ungerechtigkeit haben in der Vergangenheit oft ihre tiefsten Ursachen im Gefühl der Menschen gehabt, des Rechtes beraubt zu sein, ihr Leben selbst zu gestalten. Und auch in Zukunft lassen sich Gewalt und Ungerechtigkeit nicht vermeiden, wenn und wo das Grundrecht auf Mitwirkung in den gesellschaftlichen Entscheidungen bestritten wird» (1. Januar 1985).[22]

Wenn wir ehrlich sind, müssen wir zugeben, daß es in der Kirche noch keine Möglichkeit außerhalb der Basisgemeinden gibt, durch die einfache Christen auf demokratische Weise Gleichheit und Mitbestimmung im Leben der Kirche erlangen können.

Aus diesem Grund konkretisieren die Basisgemeinden die Vorstellung des Zweiten Vatikanischen Konzils von einer lebendigen Kirche in der Welt. Auf die Gefahr hin zu vereinfachen, können wir sagen, daß das die Vorstellung von einer dezentralisierten, offenen Kirche ist, die die Autonomie des Weltlichen und die Kompetenz der Laien respektiert; es ist eine dienende Kirche, aber eine mit klarer und geordneter Sicht ihrer Aufgabe in der Welt: Evangelisierung des ganzen Lebens – des wirtschaftlichen, politischen, gesellschaftlichen und kulturellen.

Wegen des dringenden und vorrangigen Problems der Unterentwicklung und der mit ihr gleichzeitig auftretenden Ungerechtigkeit und Verarmung der Volksmassen konzentrieren die Basisgemeinden ihre Aufmerksamkeit auf Mittel und Wege, diese aus den Klauen der entstandenen Armut zu befreien und das Gemeinwohl zu fördern. Wenn sie kämpferisch ihren Befreiungsplan verfolgen und mit Eifer an die Förderung des Gemeinwohls gehen, dann setzen die Maschinen der schwarzen Propaganda mit der Arbeit ein, um alle möglichen Geschichten zu erfinden, die die Basisgemeinden der Subversion im Staat bezichtigen. Es wird sogar eine Ideologie fabriziert, um den Staat vor dem Volk zu schützen: die Ideologie der «Nationalen Sicherheit», die in Wirklichkeit die Sicherheit der Regierung ist, welche ein Unterdrückungssystem aufrechterhält. Inmitten der institutionalisierten Verweigerung und militärischen Unterdrückung (um nicht zu sagen Verfolgung) treten die Basisgemeinden als eine prophetische Kirche in Erscheinung. Und wahrhaftig haben sie uns in den zwei oder drei Jahrzehnten ihres bisherigen Bestehens mit einer reichen Ernte von Märtyrern beschenkt.
Wegen ihrer besonderen Sorge für die arme Mehrheit – die unterdrückten, ausgebeuteten Massen – verkünden die Basisgemeinden den Armen, Gefangenen und den Zerschlagenen (Lk 4,18) die Frohe Botschaft. Und gerade wegen ihres Eintretens für die Armen werden die Basisgemeinden sowohl von der Regierung als auch von der Kirche mißverstanden.

## 3. Was bedeutet es, Kirche der Armen zu sein?

Auf der Seite der Armen zu stehen, eine vorrangige Option für die Armen zu treffen, bedeutet, die Realität der Gesellschaft und ihre Funktionen – wirtschaftlich, politisch, gesellschaftlich und kulturell – mit den Augen der Armen zu sehen. Es handelt sich aber gerade nicht um die Armen, die nur darauf erpicht sind, reich zu werden, um ein angenehmeres Leben führen zu können in Nichtbeachtung des Gemeinwohls und der Werte Gerechtigkeit und Mitwirkung. Es geht vielmehr um die Armen, die zu der Erkenntnis gekommen sind, daß ihre menschliche Würde etwas ist, das sie mit ihren Mitmenschen gemeinsam haben, und die bereit sind, wenn sie es noch nicht getan haben, ihre Zukunft entsprechend ihrer menschlichen Würde zu gestalten. Wir müssen die Realität vom Standpunkt der Armen aus sehen. Wenn *ich* vom Hunger und seiner Beseitigung spreche, dann geschieht das nicht mit derselben Dringlichkeit und Priorität wie bei einem Menschen, der jeden Tag hungrig ist. Ich könnte vorschlagen, ein Komitee zu bilden, um die Grundursachen des Hungers zu studieren und dann aufgrund dieser Untersuchung einen Plan zu entwerfen, wie das Problem anzupacken sei. In der Zwischenzeit werden Tausende von Menschen den Hungertod gestorben sein. Ein armer Mensch wird anders entscheiden.

Wenn wir uns nicht diese Sicht der Armen aneignen, geraten wir in Gefahr, uns in unseren für die Mittelklasse typischen Eigeninteressen und Denkmodellen zu verfangen. Wenn wir die Basisgemeinden nicht haben, wo die Armen ihre Meinung zum Ausdruck bringen können, werden wir einfach nicht erfahren, wie die Armen die Realität sehen, welche Bestrebungen sie haben, und es wird uns nicht gelingen, im wahren Sinne die Kirche der Armen zu sein. Nur wenn wir den Standpunkt der Armen annehmen – der ausgebeuteten und unterdrückten Massen –, werden wir die genuin marxistische Kritik umgehen, daß Religion lediglich eine Legitimierung unseres Geizes und unserer eigennützigen Interessen sei.

Das entscheidende Argument für die Christen zum Verständnis und zum Engagement für die Kirche der Armen ist die Tatsache, daß Jesus selbst sich auf die Seite der Armen stellte. Er entschied sich für die Situation der Armen durch seine Geburt, durch sein Leben und durch die Art, wie er starb, zum Beispiel, als er seiner Kleider beraubt war. Durch die einfache Tatsache, daß Armut in der Welt heute eine Nebenerscheinung der Ungerechtigkeit bei der Erzeugung und Verteilung von Gütern ist, bedeutet die Option für die Armen eine Option für Gerechtigkeit. Sich auf die Seite der Armen zu stellen bedeutet, der schamlosen Visage der Ungerechtigkeit in der Welt von heute mutig entgegenzutreten.

## Die christlichen Basisgemeinden und die Kirche: eine Nebenkirche?

Schließlich wird den Basisgemeinden nicht nur von der Regierung mißtraut. Sie werden auch beargwöhnt und behindert, wenn nicht sogar verfolgt von seiten kirchlicher Kräfte, sowohl vom Klerus wie von Laien. Sie werden bezichtigt, eine Neben- oder Gegenkirche zu sein. Die Erfahrungen mit Brasilien machten eine solche Beschuldigung unglaubwürdig.

### 1. Die Erfahrungen in Brasilien

Der brasilianische Bischof Octavio Dotti erläuterte mir die Situation der Basisgemeinden, als er in unserem Büro für menschliche Entwicklung in Manila war. Er hob zwei spanische Wörter hervor: caminado und apoyo, und sagte mir: «Das Wort *caminado* ist praktisch in jedermanns Mund. Es meint so etwas wie eine Reise, eine Pilgerfahrt oder einen

Weg, den die Angehörigen einer Kirche gemeinsam gehen. Dabei erscheinen Ziel und Bestimmung noch weit entfernt, verschwommen und wie im Nebel liegend. Die Menschen auf der Pilgerfahrt arbeiten sich Schritt für Schritt vorwärts, dem Ziel entgegen. Sie entwerfen zusammen mit ihren Bischöfen und Priestern ihren Reiseweg. Wir leben mehr in Hoffnung als in Sicherheit», sagte Bischof Dotti, «nicht wie in der Vergangenheit, wo wir dazu neigten, zu praktisch allem eine dogmatische und übertrieben selbstsichere Haltung einzunehmen. Die Priester, Bischöfe und Ordensleute mögen in der Lage sein, ein besonderes Licht beizubringen, aber sie sind nicht die einzige Lichtquelle, noch sind sie die alleinigen Organisatoren des Unternehmens. Sie gehen den Weg zusammen mit den Menschen, suchen, gehen vorwärts und manchmal rückwärts, hören einander zu, versuchen herauszufinden, wie das Leben sein und welche Gestalt die Kirche haben sollte.
*Apoyo* heißt Unterstützung, Rückhalt und definiert treffend die Rolle, die Priester, Bischöfe und Ordensleute in den Basisgemeinden spielen. Sie sichern den Menschen ihre Unterstützung zu, wenn diese um ihre Rechte und ihre Gemeinschaften kämpfen. Die Menschen organisieren sich, und die Kirche unterstützt sie moralisch in jeder ihr möglichen Weise. Die Kirche kontrolliert die Volksorganisationen nicht. Zugegeben, es gibt Gefahren. Manche Organisationen mögen ideologisch ihren eigenen Weg gehen oder von politischen Gruppen angeworben werden; dennoch ist unsere Unterstützung vonnöten. Die Organisationen des Volkes müssen frei sein.»
Der verstorbene Erzbischof Oscar Romero stellte die Kirche in den Dienst seines eigenen Volkes, indem sie es begleitete und ihm auf dem irdischen Weg beistand: «Auch auf ein weiteres Recht kann die Kirche nicht verzichten: auf das Recht, die Sache der Schwachen und objektiv Hilfsbedürftigen zu verteidigen, wer auch immer die Gruppen

oder Personen sind, die die gerechten Anliegen unterstützen.»[23]
Infolge der Schwierigkeit, zwischen Basisgemeinden und Volksorganisationen zu unterscheiden, wird den Basisgemeinden von der offiziellen Kirche oft genug der Vorwurf gemacht, eine Neben- oder Laienkirche zu sein, die in Opposition zur Kirche der Hierarchie steht.

## 2. Basisgemeinden und Volksorganisationen: Erzbischof Romero

Von ihrer Grundlage und ihrem Wesen her ist die Basisgemeinde Kirche. Sie ist eine Gemeinschaft, die den christlichen Glauben lebt und darüber reflektiert und Mittel und Wege sucht, um ihm in der Welt von heute einen authentischen Ausdruck zu geben. Einige politische Organisationen entsprangen dieser Bemühung der Basisgemeinde, in der Welt zu wirken. Der christliche Glaube inspiriert zu politischem Handeln für Gerechtigkeit und Mitwirkung an einer gesellschaftlichen Veränderung. Die Gefährdung, die die Basisgemeinden sehen müssen, besteht darin, ob sie für diese politische Aufgabe ausgebildet sind oder ob sie einfach dafür vereinnahmt werden. Die Basisgemeinden dürfen nicht mit politischen Organisationen und Volksbewegungen identifiziert werden.
«Die Basisgemeinde verfügt nicht über die Mittel», erklärt Karl Gaspar, «um die fundamentalen Gegensätze aufzulösen, die im Augenblick in der philippinischen Gesellschaft immer stärker werden. Sie kann nicht die führende Kraft sein. Aber sie kann als Ort der Reflexion dienen, wo die Menschen – inspiriert vom Evangelium – ihre Aufgabe erkennen in der Schaffung des Reiches Gottes, der heftig ersehnten Situation von Freiheit und Gerechtigkeit.»[24]
Die Basisgemeinde ist im Grunde Kirche; die Volksbewe-

gungen sind grundsätzlich weltlicher Natur. Sie folgen unterschiedlichen Gesetzen und Kräften, doch ein und derselbe Christ gehört beiden an, und es besteht große Gefahr, daß die beiden vermengt werden. Die Basisgemeinde mag vielleicht versuchen, die Aktivitäten des Volkes zu kontrollieren und einzudämmen, was die alte Versuchung der Christen ist; oder aber können die Volksbewegungen versuchen, die Basisgemeinde zu nichts anderem als zu ihrer Ortsgruppe zu machen. Das ist ein besonders komplexes Problem, weil in vielen Gebieten, in denen Basisgemeinden auftreten, die Volksbewegungen sich gegen die Regierung richten und ideologisch aufgeladen sind. Erzbischof Oscar Romero widmete diesem Problem einen ganzen Hirtenbrief.[25] Er gliedert ihn in drei Hauptpunkte:

1. Die Basisgemeinden sind Kirche. «Sie müssen erhalten und gestärkt werden, weil sie lebendige Zellen der Kirche sind. Sie verkörpern den ganzen Entwurf der Kirche und ihre einzigartige Sendung. Die Seelsorger und ihre Mitarbeiter müssen sich darum bemühen, daß diese Identität und Sendung in ihrer Reinheit und Selbständigkeit erhalten wird, damit sie nicht mit anderen Organisationen verwechselt werden oder sich etwa von diesen manipulieren lassen.»

2. Die Basisgemeinden fördern Christen, die dann nach politischen Lösungen Ausschau halten und sich Bewegungen anschließen, die grundsätzlich politisch sind. Das ist gut, sagte der Erzbischof, aber er erinnerte seine Priester und Laien mit den Worten des Zweiten Vatikanischen Konzils daran, daß «es nicht die spezielle Aufgabe der Kirche ist, die konkreten Schritte auf dem Weg zu einer gerechteren Gesellschaft zu bestimmen». Weder die Basisgemeinden noch die Volksorganisationen können sagen, daß bestimmte Mittel zur Schaffung eines sozialen Wandels entschieden christlich sind. Diese Mittel müssen durch andere Gesetze als das Evangelium beurteilt werden.

3. «Es ist jedoch Aufgabe der Kirche», fuhr der Erzbischof

fort, «alles aufzufangen, was an menschlichen Anstrengungen und Anliegen des Volkes an sie herangetragen wird, vor allem von den Armen. Die Kirche identifiziert sich mit der Sache der Armen, wenn diese ihre legitimen Rechte fordern. Diese Solidarisierung mit den gerechten Anliegen ist nicht an bestimmte Organisationen gebunden. Ob sie sich nun christlich nennen oder nicht, ob sie von der Regierung geschützt werden, gesetzlich oder tatsächlich, ob sie unabhängig von ihr sind oder in der Opposition zu ihr stehen, für die Kirche ist dabei nur eine Bedingung von Interesse: Das Ziel des Kampfes muß ein gerechtes sein, damit die Kirche es aus der ganzen Kraft des Evangeliums unterstützen kann. Ebenso wird die Kirche in aufrichtiger Unparteilichkeit gegen alle Ungerechtigkeiten protestieren, in welcher Organisation sie auch immer auftauchen mögen.»
Ich habe mich mit dieser Frage einige Zeit beschäftigt, weil die Worte des Erzbischofs deutlich die kirchliche Natur der Basisgemeinden zeigen und etwas von der schwierigen Welt, in der sie wirken. Dieselben Probleme gibt es auf den Philippinen.

## 3. Kirche der Armen: für die wirtschaftlich Armen allein?

Manche Menschen kritisieren die Basisgemeinden, weil sie die Reichen vom Leben der Kirche auszuschließen scheinen. Sind die Basisgemeinden nur für die wirtschaftlich Armen bestimmt? Bedeutet die vorrangige Option für die Armen den Ausschluß der Reichen?
Diese Fragen wurden von der Föderation Asiatischer Bischofskonferenzen, einer Schirm-Organisation der asiatischen Kirche, diskutiert. Ich zitiere aus einem Treffen asiatischer und nicht-asiatischer Bischöfe, die sich 1979 zu einem Seminar versammelten:

«Was bedeutet es, Kirche der Armen zu sein? Ist die Kirche nicht für alle da: für Männer und Frauen, für arm und reich, für Heilige und Sünder?
Wir fanden eine Antwort in der Art, wie viele Kirchen in Asien unterwegs sind in Richtung auf eine immer größer werdende Verknüpfung mit dem Leben ihrer Menschen: ihr einfaches Sein mit den Armen; ihre Versuche, Programme menschlicher Entwicklung auszuarbeiten, die ganzheitlich sind, die Würde der Menschen achten und im Einklang mit ihren Kulturen stehen; ihr Beistand im schweren Kampf für Gerechtigkeit und Selbstbefugnis. Dabei beharren sie darauf, *daß die Reichen wirkliche Mitglieder der Kirche der Armen werden,* indem sie ihren Verpflichtungen zu Gerechtigkeit und Nächstenliebe den Armen gegenüber nachkommen.»[26]
Die Reichen, sagen die Bischöfe, können Teil der Kirche der Armen sein, wenn sie sich mit den Armen zusammentun, um für die Gerechtigkeit in der Welt und das Gemeinwohl zu arbeiten.

### 4. Sind die Basisgemeinden von der Gesamtkirche isoliert?

«Klein ist schön», sagt Schuhmacher. Aber manche befürchten, daß die winzigen Basisgemeinden – manchmal bestehen sie aus nur 30 Familien – vom gesamten Leben der Kirche isoliert werden. In Brasilien wird dies durch die Bemühungen der Kirche vermieden, die Basisgemeinden regelmäßig zu Gebet und Diskussion zusammenzurufen. Sie haben jährliche Treffen auf nationaler Ebene, wo die Basisgemeinden-Bewegung als Ganze in Augenschein genommen wird und künftige Programme beschlossen werden. Auf den Philippinen haben wir ein bischöfliches Komitee, das aus denselben Gründen die verschiedenen Basisgemeinden versammelt. Wir sind erstaunt über die große Fähigkeit ihrer Mitglieder, die Probleme der Welt und das Wesen der Universalkirche zu verstehen. Die Mitglieder der Basisgemeinden kennen ihre Lebenswirklichkeit sehr gut. Aufgrund dessen verstehen sie rasch die Probleme anderer Menschen, die im Grunde dieselben sind. Als arme Menschen sind sie demütig und offen für Vorschläge aus allen Bereichen der Kirche. Basisgemeinden, die die Kirche in angemessener Weise unterstützt, werden nicht kurzsichtig werden.

## 5. Die philippinische Erfahrung

Darf ich nun über unsere philippinische Erfahrung sprechen? Es gibt im ganzen Land Bischöfe, die wie ich selbst die Bildung von Basisgemeinden, wie oben beschrieben, zu einem Hauptziel der Pastoralarbeit gemacht haben. Ein für unsere Bischofskonferenz von Soziologen erstelltes Gutachten zeigt, daß fast jeder Bischof im Land auf die eine oder andere Weise die Basisgemeinden zum primären Schwerpunkt seiner Arbeit machen will. Obwohl wir uns im Verständnis der Basisgemeinden unterscheiden, stimmen wir darin überein, daß ein solcher Schwerpunkt uns helfen würde, Laienführer auf allen Ebenen hervorzubringen und das religiöse wie weltliche Leben des Volkes zu einer Einheit zu verschmelzen. Das Gutachten stellt fest, daß diese beiden Punkte das Kernstück des Basisgemeindenprogramms sind. Weitere Unterschiede könnten durch Erfahrung und Irrtumserkenntnis abgebaut werden.
Ich unterstütze nunmehr das Wachstum der Basisgemeinden in der Prälatur Infanta seit über zehn Jahren. Dabei habe ich das Gefühl, auf eine Goldader gestoßen zu sein. Ich sehe, wie der Glaube unserer Leute tiefer wird, die gegenseitige Verpflichtung wächst, wie Herzen und Sinne auf-

gehen, wie das Gebet sich verstärkt und sich Gemeinschaft bildet. Es ist nicht alles vollkommen, aber die Basisgemeinde hat das Leben unserer Leute in weitaus stärkerem Maße berührt als jedes andere Programm der Kirche in der Vergangenheit.

## Fastenaktion und Solidarität

Lassen Sie mich zum Schluß über Ihre Fastenaktion und die Solidarität zwischen Erster und Dritter Welt sprechen.

### I. Die Fastenaktion der holländischen Bischöfe

Ich möchte die Mitwirkenden an der Fastenaktion beglückwünschen zu ihrem Eifer und ihrer Großherzigkeit, wodurch sie die Bemühungen der Menschen in der sogenannten Dritten Welt um Entwicklung und Befreiung unterstützen. Die Fastenaktion hat in besonderer Weise sozioökonomische Kleinprojekte gefördert. Damit hat sie Programme unterstützt, die das Bewußtsein der Armen für soziale Probleme wachrufen und die die Armen mittels Organisation stärken.

Durch ihre Teilnahme an der großen und schönen Aufgabe des Menschengeschlechts – menschliche Entwicklung und Befreiung – ist die Fastenaktion Bahnbrecher und Förderer für die Christen Hollands geworden. Sie konfrontiert die holländischen Christen mit der Herausforderung, die von den jungen Kirchen der südlichen Hemisphäre, besonders von den christlichen Basisgemeinden her, auf sie zukommt. Es ist die Herausforderung einer Kirche, die an der Welt von heute und ihren Problemen Anteil nimmt, die bewußt

den Schrei der Armen hört, die in die Fußstapfen des Herrn tritt, indem sie sich mit Seiner vorrangigen Option für die Armen identifiziert, die sich der Evangelisierung des gesamten menschlichen Lebens, in all seinen Dimensionen, verpflichtet weiß: wirtschaftlich, sozial, politisch, kulturell.
Die Botschaft, die die jungen Kirchen an Sie richten, meine lieben Mitchristen in Holland, ist folgende: Sind Sie solidarisch mit uns? Sind Sie bereit, die Realität der gegenwärtigen Welt so zu sehen wie wir, die Opfer dieser Ungerechtigkeit?
Die Bemühungen der jungen Kirchen könnten ja auch als eine reine Dritte-Welt-Angelegenheit verstanden werden, als eine Lösung für die Dritte Welt, die nichts mit den Problemen der Kirche in Europa und der nördlichen Hemisphäre zu tun hat. Wenn das der Fall wäre, dann würde die Botschaft der jungen Kirchen auf taube Ohren stoßen. Solidarität würde zu einer Illusion und reinen Einbildung. (Vgl. hierzu den letzten Beitrag des Buches.)

## 2. Ein Garant für Solidarität: Papst Johannes Paul II.

Ich möchte an die Botschaft von Papst Johannes Paul II. zum Weltfriedenstag im vergangenen Jahr erinnern. Da heißt es:
«Ich fordere euch auf, euch von der ausschließlichen Konzentration auf die Friedensbedrohung, wie sie gewöhnlich als das Ost-West-Problem angeführt wird, abzuwenden und statt dessen die ganze Welt ins Auge zu fassen und ebenso an die sogenannten Nord-Süd-Spannungen zu denken. Wie früher schon möchte ich auch heute betonen, daß diese beiden Ziele – Frieden und Entwicklung – voneinander abhängen und deshalb zusammen angestrebt werden müssen,

wenn die jungen Menschen von heute eine bessere Welt von morgen erben sollen.
Ein Aspekt dieser Abhängigkeit ist der Einsatz von Mitteln für einen Zweck, die Rüstung, anstatt für einen anderen, die Entwicklung. Aber die wirkliche Verbindung ist hierbei nicht einfach der Einsatz von Mitteln, so wichtig dies auch sein mag; sie besteht vielmehr zwischen den Werten, die jemanden für den Frieden, und den Werten, die jemanden für eine echte Entwicklung verpflichten. Denn so gewiß wie der wahre Frieden mehr erfordert als nur die Abwesenheit von Krieg oder den bloßen Abbau von Waffensystemen, so kann auch Entwicklung in ihrem wahren und vollen Sinne niemals allein auf einen Wirtschaftsplan oder eine Reihe von technischen Projekten beschränkt werden, so wertvoll diese auch sein mögen ... Dieselben Werte, die jemanden dazu bringen, ein Friedensstifter zu sein, sind auch die Werte, die jemanden bewegen, die allseitige Entwicklung jedes Menschen und aller Völker zu fördern.»[27]
Ich meine, hier haben wir die Elemente einer echten Solidarität zwischen Ihnen, den Kirchen der Ersten Welt, und uns, den jungen Kirchen der Dritten Welt. Entwicklung und Gerechtigkeit sind Brennpunkte des Nord-Süd-Problems und Hauptanliegen in der Dritten Welt. Friede, nicht Krieg, macht die Ost-West-Spannung aus und ist, nach dem, was ich gelesen habe, ihr Hauptproblem. Der Papst sagt, den Lösungen für beide Probleme lägen dieselben Werte zugrunde. Das eine Problem könne nicht gelöst werden, wenn nicht auch das andere gelöst wird. Er bietet die Mitwirkung als die wichtigste konkrete Möglichkeit an, die Probleme des Krieges und der Ungerechtigkeit zu lösen. Dann gibt es nämlich eine Gegenseitigkeit von Interessen, Werten und Mitteln.
Trotz unserer unterschiedlichen Perspektiven und Situationen müssen wir eine solidarische Beziehung aufbauen, wenn wir als Menschen überleben wollen. Die Werte Gerechtig-

keit und Frieden liegen unserer Solidarität zugrunde. Die Anerkennung und Förderung der Mitwirkung jedes Menschen und aller Völker sind unbedingt erforderlich.

## 3. Zum Abschluß: Hoffnung

Mögen das Leben und die neue Gestalt der Kirche, wie sie sich in den Basisgemeinden zeigen, uns alle zur Entdeckung unserer gemeinsamen Berufung als Christen in der Welt von heute inspirieren und uns mit dem Menschengeschlecht gemeinsam den Weg beschreiten lassen, wie es sich für eine prophetische und dienende Kirche, die zugleich eine Kirche der Armen ist, geziemt.

# Basisgemeinden auf den Philippinen

## Ein Erfahrungsbericht

Von Peter Neuner

Der erste Eindruck ist durchweg positiv. Der religiöse Elan scheint ungebrochen. In jedem Haus und in jeder Hütte nehmen die Heiligenbilder einen Ehrenplatz ein: der dornengekrönte Jesus, die heilige Maria, das Jesuskind als Santo Niño. Religiöse Symbole finden sich auch in der Öffentlichkeit. Die Kirchen sind während der Gottesdienste gefüllt. In der Kirche der katholischen Universität San Carlos in Cebu ist am Sonntagvormittag und abends stündlich eine Messe. Die Besucher, fast alles Studenten, werden aufgefordert,nach dem Schlußsegen den riesigen Kirchenraum im dritten Stock des Universitätsgebäudes möglichst schnell zu räumen, damit die Besucher des nächsten Gottesdienstes, die unten schon warten, reibungslosen Zugang finden.

Eine heile Welt für die Kirche, so scheint der erste Eindruck zu zeigen. Es ist kein Zufall, daß auch bei uns die Philippinen immer wieder herangezogen werden, wenn man nach Beispielen sucht, wo Kirche lebt. Kann das ein Modell auch für unsere Zukunft sein? Oder werden die Philippinen über kurz oder lang die Mission bei uns übernehmen können?

# Der Hintergrund

Die Philippinen sind das einzige christliche Land Asiens. Das Christentum kam mit den spanischen Eroberern ins Land, hat aber im Bereich der Volksfrömmigkeit überraschend schnell und tief Fuß fassen können. Die kirchliche Führung blieb dagegen weithin fremdländisch: Bischöfe und Priester kamen als Missionare aus Amerika und Europa. Zwar bemühte man sich um einen einheimischen Klerus. Doch Erfolg war diesem Unternehmen kaum beschieden. So herrscht bis heute im Volk der Eindruck, daß die Kirche – nicht was die Volksfrömmigkeit angeht, sehr wohl aber, was die Institution betrifft – eine fremde Angelegenheit sei. Hierarchie und Priester werden weithin mit Europa identifiziert. Der einheimische Klerus genießt dagegen nur sehr wenig Ansehen.

So ist es zu erklären, daß trotz der intensiven Frömmigkeit und Kirchenverbundenheit eines großen Teils der Philippinos ein drückender Priestermangel herrscht. Auch heute noch kommt rund die Hälfte der Priester aus missionierenden Ländern, vorwiegend aus den USA, aus Spanien und Deutschland. Dennoch sind die Pfarreien für unser Verständnis völlig unübersehbar. 250 000 Seelen für eine Pfarrei, in der der Pfarrer und ein Kaplan arbeiten, sind jedenfalls in den Städten eher die Regel als die Ausnahme. Es gibt kaum ältere Priester. Offensichtlich ist die Generation derer, die jetzt über 40 Jahre alt sind, zu einem großen Teil aus dem Amt geschieden, oder sie haben lukrative Angebote von philippinischen Gemeinden in Nordamerika angenommen. Es gibt Diözesen, wo keiner der (allerdings nur 10) Priester älter ist als 35 Jahre. Und diese leben unter bedrückenden äußeren Bedingungen. Nicht selten sehen sie sich gezwungen, als Taxifahrer ein paar Pesos nebenher zu verdienen. Ein Pfarrer auf der Insel Samal vor Mindanao

zeigte sich hoch beglückt darüber, daß ich als sein Besucher bereits 18 Jahre im Amt sei. Er empfand es als eine große Ermutigung, jemanden zu treffen, der schon fast über zwei Jahrzehnte hinweg Priester geblieben ist.
Verschiedentlich wird betont, die Zahl der Seminaristen sei im Steigen begriffen. Aber dagegen steht die Rechnung, daß diese Steigerung prozentual sogar hinter der Bevölkerungszunahme auf den Philippinen zurückbleibt, daß sich also real die Situation fortwährend verschlechtert, und das auch dann, wenn man einen Priester für 100 000 Menschen für ausreichend erachtet.
Es ist offensichtlich: Die traditionelle Pfarrstruktur steckt in einer Krise, vor allem wenn man mitbedenkt, daß die Zahl der Missionare in naher Zukunft beträchtlich abnehmen wird. So wie es ist, kann es für die Zukunft kaum weitergehen.
Angesichts dieser Gegebenheiten hat sich die Kirche auf den Philippinen im Anschluß an das Zweite Vatikanische Konzil neu orientiert. Das Hauptaugenmerk wurde vom flächendeckenden Pfarrprinzip auf ein personal orientiertes Gemeindeprinzip verlagert. Die philippinische Bischofskonferenz hat 1974 in einem wegweisenden Hirtenbrief die Errichtung von Basisgemeinden zum Hauptziel der kirchlichen Arbeit erklärt. Die Bemühung in der Pastoral gilt seither den Basisgemeinden. Diese Entscheidung wurde angeregt durch Erfahrungen aus dem südamerikanischen Bereich, wo sich eine weithin vergleichbare Geschichte abgespielt hatte: jahrhundertelange spanische Kolonialherrschaft, die durch eine weitgehende Abhängigkeit von Nordamerika abgelöst wurde. Schließlich standen die Philippinen in ihrer spanischen Zeit unter der Verwaltung des Vizekönigs von Mexiko. Die kirchlichen Probleme Lateinamerikas und der Philippinen erweisen sich durchaus als vergleichbar. So haben auch südamerikanische Bischöfe und Theologen bei der Ausarbeitung dieses Hirtenbriefs

mit seiner pastoralen Neuausrichtung mitgewirkt. Lateinamerikanische Erfahrungen wurden aufgegriffen und weitergeführt.
Diese Neuorientierung hat die Kirche der Philippinen zutiefst geprägt. Zwar ist kein Bischof verpflichtet, die Errichtung von Basisgemeinden in seiner Diözese zu fördern oder auch nur zuzulassen, und tatsächlich gibt es auch heute noch ganze Regionen, in denen der Begriff «Basisgemeinde» oder «kirchliche Basisgruppe» ein Fremdwort geblieben ist. Aufs Ganze gesehen aber bedeutet der Hirtenbrief von 1974 und seine Rezeption in den darauffolgenden Jahren für die Kirche der Philippinen einen tiefen Einschnitt. Kaum eine lebendige Organisation, Einrichtung, Initiative blickt heute auf eine mehr als fünf- oder gar zehnjährige Geschichte zurück. Man hat den Eindruck, daß in der Folge der Neuorientierung auf die Basisgemeinden gegen Ende der 70er Jahre fast ein Traditionsbruch erfolgte. Allüberall haben sich neue Ideen durchgesetzt und sich organisatorische und institutionelle Gestalt gegeben. Was vorher war, gehört der Vorzeit an. Diese Spätfolgen des Konzils haben jedenfalls die offiziellen kirchlichen Strukturen zutiefst umgestaltet. Natürlich besteht die traditionelle Diözesan- und Pfarrstruktur weiter. Und die rechtliche Vollmacht der Bischöfe ist unangetastet; vielleicht wurde sie faktisch sogar gestärkt. Der Schwerpunkt der Bemühung aber liegt nicht mehr bei diesen Strukturen, sondern bei den Basisgemeinden, den Basic Christian Communities (BCC), die man später offiziell in BEC (Basic Ecclesial Communities) umbenannte, um so ihren kirchlichen Charakter zu unterstreichen. Schon diese Tatsache, daß verschiedene Namen für die Basisgemeinden verwendet werden, zeigt, daß diese keineswegs in sich einheitlich und uniform sind. Sie haben sich vielmehr in fast dramatischer Weise in verschiedener Form weiterentwickelt und dadurch unterschiedliche Gestalt angenommen. Das geht so weit, daß sich diese Basis-

gemeinden untereinander oft auch beargwöhnen und sich gegenseitig sogar die kirchliche, christliche oder gesellschaftliche Legitimität absprechen.

# Formen kirchlicher Basisgemeinden

## 1. Die Gebetskreise

Der Bemühung von oben, christliche Basisgruppen einzuführen, kam eine Struktur in der philippinischen Gesellschaft entgegen. Die traditionelle Familiengemeinschaft «barangay» ist ein Bindeglied zwischen dem einzelnen und der Großgesellschaft wie Staat und Kirche. Diese Struktur wurde aufgegriffen, wobei Familie in diesem Verständnis eine wesentlich größere Einheit darstellt, als wir mit diesem Begriff verbinden. Der überschaubare Verband hatte seine Tradition, und nachbarschaftliches Zusammengehörigkeitsgefühl war in der Dorfgemeinschaft bekannt. Dieses Bewußtsein blieb zumindest als Erinnerung auch noch gegenwärtig in den neuentstehenden Slums an den Rändern der Großstädte. Weil Leben, Öffentlichkeit und Religion eine Einheit darstellten, war auch im kirchlich-religiösen Bereich die nachbarschaftliche Zusammengehörigkeit im Sinn von Gebetskreisen vorgeprägt. Gebetskreise, Meditationsgruppen und Bibelkreise stellen eine erste Form der Basisgemeinden dar. Sie ist älter als die offizielle Befürwortung dieser Einrichtungen durch die Bischofskonferenz.

Diese Bibelkreise und Gebetsgemeinschaften führen auch heute ein durchaus aktives Leben. Besonders beeindruckt war ich von einem Bibelgespräch, das das Evangelium des Sonntags durchmeditierte: Mt 16,21–27, die Zurückwei-

sung des Petrus. Der konkrete Hintergrund, der diesen Text zum Leuchten brachte, war eine Erfahrung, die in dieser Gemeinschaft großes Aufsehen erregt hatte: Bei der Verteilung von verbilligtem Reis beanspruchte jemand eine Ration, von dem bekannt war, daß er sie an Tiere verfüttern wollte. Wie sollte sich der Verantwortliche in einer solchen Situation verhalten? Muß er jedem seine Ration zuteilen, der ein formales Recht darauf hat, oder kann er in einem solchen Fall den Anspruch zurückweisen, so wie Jesus den Petrus zurückgewiesen hatte, als er etwas verlangte, was der Botschaft Christi widersprach? Für unser Verständnis haben diese konkrete Erfahrung und der genannte Bibeltext nichts miteinander zu tun. Für die Teilnehmer an diesem Bibelkreis in einem Slum von Manila, unter denen Frauen das Wort führten, war das ganz anders: Ich erlebte ein höchst eindrucksvolles Ringen in diesem Bibelkreis, in dem kein Theologe die historischen Methoden zur Anwendung bringen konnte und wollte. Die Erfahrung des Vortages hatte sie so erschüttert, daß der biblische Text für sie fruchtbar wurde, ohne daß es der autorisierten Auslegung eines einzelnen bedurft hätte. Alle verstanden sich, verstanden den Text und ließen sich durch den Text in ihrer konkreten Lebenssituation prägen. Hier geschah etwas, was oft hochtrabend als «grassroots»-Theologie bezeichnet wird: eine Theologie aus der grundlegenden Erfahrung von Christen an der Basis. Ob man den Text nicht besser verstanden hat, als mancher historisch geschulte Exeget, dem er persönlich fremd bleibt?
Zu dieser Form der Basisgemeinden lassen sich auch die charismatischen Gruppen zählen. In ihnen ist etwas lebendig geblieben vom mystisch-meditativen religiösen Erbe Asiens. In diesen charismatischen Zirkeln, die in der Regel den Begriff Basisgemeinschaft für sich nicht verwenden, steht im Zentrum die geistliche Erneuerung, die Neuorientierung des spirituellen Lebens. Diese Gemeinschaften

rekrutieren sich fast ausschließlich aus der sogenannten Mittelklasse: eine soziale Schicht, der rund 15% der Bevölkerung angehören. Darüber stehen die 2 oder 3% der ganz Reichen, darunter das unabsehbare Heer der Armen. Soziale Fragen tauchen in diesen charismatischen Gruppen nicht oder höchstens am Rande auf: Wenn die Seele geheilt wird, dann wird auch die Gesellschaft von sündhaften Strukturen frei sein.

## 2. Die katechetischen Basisgemeinden

Als man die Basisgemeinden einführte, gab man ihnen eine dreifache Aufgabenstellung: teaching, worshipping, serving: Lehren, Gottesdienst und Dienst am Nächsten.
Insgesamt ist festzustellen, daß die Funktion des Lehrens in den Basisgemeinden weniger entwickelt ist als die beiden anderen Aufgaben. Sicher gibt es verschiedentlich Unterweisungen in Gesundheitsfürsorge, Arbeitsgestaltung, Ertragssteigerung im landwirtschaftlichen Bereich. Daneben gibt es auch eine spezielle religiöse Fort- und Weiterbildung in den Basisgemeinden. Doch in erster Linie bleibt das ganze Feld der Unterweisung schwerpunktmäßig dem Religionsunterricht der Kinder vorbehalten.
Die philippinische Kirche ist traditionell sehr stark im Schulsektor vertreten. Das starke Engagement der Kirche ist mitbedingt durch die aus der amerikanischen Kolonialherrschaft übernommene Trennung zwischen Staat und Kirche. In den philippinischen Staatsschulen gehört die religiöse Unterweisung nicht zu den ordentlichen Lehrfächern. Das hat dazu geführt, daß die Kirche in großem Stil und mit erheblichen Anstrengungen einen katechetischen Dienst aufgebaut hat, in dem eigene Katecheten die religiöse Unterweisung sicherstellen. Sofern die Direktion der staatlichen Schulen dies gestattet, können die Katecheten in den

Schulen, aber außerhalb des Lehrplans, Religionsunterricht erteilen. Konkret sieht dies in aller Regel so aus, daß die Katecheten in den Pausen in einer Ecke des Schulhofs Religionsunterricht erteilen, während die anderen Kinder herumtollen und ihrer Pausenbeschäftigung nachgehen. Dieser Unterricht ist natürlich freiwillig, aber die meisten Schüler nehmen teil und lassen sich durch den Pausenbetrieb ringsum nicht stören. Man muß es sich konkret vorstellen: eine Schule mit mehreren tausend Kindern. Im Schulhof ist gleichzeitig Pausenbetrieb, mehrere Klassen treiben Sport, und unter einer Palme am Rande des Hofs sitzen 60 Kinder auf dem Boden rund um die Katechetin und hören ihr mit gespannter und ungeteilter Aufmerksamkeit zu. Gegenüber Lärm scheinen die Schüler ebenso unempfindlich wie die Erwachsenen. Störend oder ablenkend ist er jedenfalls nicht. Paradiesische Zustände für jeden Lehrer, könnte man meinen. Allerdings: Normalerweise ist ein Katechet für 3000 Schüler und mehr zuständig, und das trübt den Gesamteindruck.

Mit größter Intensität wird in der Kirche der Philippinen daran gearbeitet, Laien für die Mitarbeit im katechetischen Bereich auszubilden. Und es besteht ein hohes Maß an Interesse. Eine Vielzahl von Katechetinnen sind ehemalige Lehrerinnen, bis hin zur High School, die ihren Beruf aufgegeben haben und eine katechetische Ausbildung durchlaufen, um im kirchlichen Bereich zu arbeiten. Dabei nehmen sie größte Opfer auf sich. Zunächst einmal haben sie eine intensive und in der Regel für sie kostspielige Ausbildung zu absolvieren. Und sie wissen, daß sie später als Katecheten bzw. Katechetinnen nur rund die Hälfte des Lohnes erhalten werden, den sie als Lehrer und Lehrerinnen hatten, und schon dieser war an der Grenze dessen angesiedelt, was auf den Philippinen als Existenzminimum gilt. Dieser Einsatz von Laien im kirchlichen Bereich, vor allem in der katechetischen Unterweisung, ist in jeder Weise bewunderungswürdig. Und viele Katechetinnen wollen ihre Arbeit nicht in den durch Stacheldrahtverhaue und eine bis an die Zähne bewaffnete Privatarmee abgeschirmten Gettos der Reichen verrichten, sondern in den Schulen in Tondo, dem größten Slumgebiet Manilas und der ganzen Philippinen. Wenn in diesen Regionen die Kirche heute lebendig ist, dann nicht durch die Arbeit von Priestern und Missionaren, sondern durch das, was einheimische Laien an Ort und Stelle an christlichem Zeugnis vorleben und an christlicher Verkündigung leisten. Hier lebt Kirche nicht von oben nach unten, sondern eindeutig von der Basis her. Bei aller Solidarität mit der Hierarchie wissen die Katechetinnen und Katecheten, daß sie nicht auf Anregungen und Initiativen von außen oder von oben warten können. Sie haben in eigener Entscheidung und Verantwortung ihren Auftrag zu leisten. Hier sind die organisatorischen Formen zwar fließender als in den anderen Arten von Basisgemeinden. Dennoch ist hier die Basis ganz eindeutig im Blick.

## 3. Die «Chapels»

Wer von Basisgemeinden in der Dritten Welt spricht, denkt in aller Regel zunächst an die liturgischen Funktionen, die diese Gruppierungen übernehmen. Auch in den Philippinen sind die Basisgemeinden gegründet worden, um liturgische Dienste wahrzunehmen, die die völlig unübersehbaren Pfarreien nicht mehr leisten konnten.

Konkret ging es um den Sonntagsgottesdienst. Um gottesdienstliche Feiern zu gewährleisten, wurden in den meisten Diözesen sogenannte Chapels eingerichtet. In manchen Pfarreien gibt es weit über hundert derartige Chapels. In diesen wird am Sonntag ein Wortgottesdienst gehalten. Traditionellerweise kommt einmal im Jahr der Pfarrer, um am Festtag des Gemeindeheiligen die Eucharistiefeier zu halten. An den anderen Sonntagen ist die Chapel mit ihren Verantwortlichen selbständig: Der Präsident, der Organisator, der Laienliturge, der Prediger halten für sich und in eigener Regie den Gottesdienst.

Mit wachsender Selbständigkeit dieser Gemeinden stellte sich die Frage, ob dieser Gottesdienst die Sonntagsmesse ersetzen könne. Und so wurden verschiedene Notlösungen gefunden, die alle nur teilweise befriedigen können. Verschiedentlich erlebte ich, daß der Laienliturge den Meßkanon vortrug und die Gemeinde dabei am Boden kniete. Dies wurde interpretiert als Erinnerungsfeier an eine «echte» Messe. Ob den Teilnehmern der Unterschied jeweils so ganz klar war? Verschiedentlich hat man die Problematik eines nicht-sakramentalen Gottesdienstes am Sonntag dadurch umgangen, daß von der Pfarrkirche die eucharistischen Gaben in die Chapels gebracht, dort gegebenenfalls aufbewahrt und jedenfalls im Gottesdienst verteilt werden. Derartige Formen sind ja auch aus Deutschland nicht unbekannt.

Verschiedentlich geht man auch den umgekehrten Weg: Die Gemeinden sollen bewußt darauf eingestellt werden, den Wortgottesdienst in der Chapel als vollgültigen Gottesdienst anzusehen. In der derzeitigen kirchlichen Situation ist dies eben die reguläre Form gottesdienstlicher Versammlung. Anderes und mehr ist nicht möglich. In einer Pfarrei habe ich es sogar erlebt, daß man am Sonntag in der Pfarrkirche keine Eucharistiefeier hielt, um den Basisgemeinden klarzumachen, daß die in den Chapels gefeierten Wortgottesdienste voll gültig sind, und daß nicht alle, die es irgendwie bewerkstelligen können, doch in die Pfarrkirche und zur Messe gehen müssen. Doch dies ist sicher ein extremer Fall, der nicht verallgemeinert werden kann.

Ein großes Problem stellt die Predigt dar. Die Laienliturgen bzw. die Präsidenten oder wie die Vorsitzenden der Basisgemeinde jeweils heißen mögen, haben eine gewisse

Einführung in ihren Dienst erfahren, aber natürlich ist dies keine volle theologische Ausbildung. Dennoch sind sie häufig dazu beauftragt und bevollmächtigt, die Sonntagspredigt in eigener Verantwortung zu halten. Verschiedentlich ist es auch eine Gruppe oder gar die Basisgemeinde insgesamt, die diese Predigt vorbereitet. Nicht selten aber wird die Sonntagspredigt zentral in der Pfarrei oder in der Diözese vom Bischof erstellt und verschickt, so daß der Liturge sie lediglich vorzulesen hat. Und letztendlich gibt es auch die Form, daß vom Bischof die Predigt über Funk gehalten und in den verschiedenen Chapels per Radio empfangen wird. Die Liturgie gliedert sich dann um diese Predigt. Es ist offensichtlich: Die Selbständigkeit und kirchliche Funktion, die man einer Chapel, einer Basisgemeinde zuzugestehen bereit ist, ist je nach der örtlichen und personalen Situation sehr unterschiedlich. Das zeigt sich auch in der Art und Weise, wie ein Vorsteher einer Basisgemeinde ins Amt kommt. Ist die Chapel so selbständig, daß sie ihre Präsidenten, ihre Laienliturgen selbst durch Wahl bestimmt und sie gegebenenfalls auch wieder abwählen kann? Kann sie ihre Kandidaten dem Bischof oder Pfarrer vorstellen, damit diese ihnen dann amtlich den kirchlichen Auftrag geben? Oder müssen sie von oben ernannt werden? An dieser Frage scheiden sich heute die Geister, und die Antworten, die man auch von bischöflicher Seite erhält, sind höchst kontrovers. Letztlich geht es hier um das Bild der Kirche: Ist sie von oben nach unten, also ausgehend von der Hierarchie, oder von unten nach oben, also ausgehend von der Basis, zu bestimmen? Die häufigste Praxis der Amtseinführung scheint mir derzeit die zu sein, daß die Gemeinden ihre Sprecher und Repräsentanten wählen und sie dem Pfarrer zur Bestätigung vorschlagen, wobei dieser sich das Recht zur Bestätigung und zur Ablehnung vorbehält.

Die überwiegende Mehrzahl der Gottesdienste, die heute in den Philippinen gehalten wird, steht unter der Leitung von Philippinos, von denen die meisten keine oder kaum eine theologische Ausbildung haben. Und dennoch ist es merkwürdig: Überall habe ich Gottesdienste erlebt, die weitestgehend dem westlichen, europäisch-nordamerikanischen Denken nachempfunden waren. Spontane Elemente, Gestaltungen aus der Volksfrömmigkeit oder gar asiatische Einschläge habe ich weithin vergeblich gesucht. Die Kirche ist in ihrer liturgischen, gottesdienstlichen Gestalt überwiegend eine europäische Kirche. Aber offensichtlich empfindet man dies an Ort und Stelle nicht als Mangel. Es scheint, daß dieses mit der Schwierigkeit zusammenhängt, so etwas wie eine philippinische Kultur auszumachen. Im «echten» Asien ist man auf den Philippinen kaum.

## 4. Sozial-gesellschaftliche Basisgemeinden

Die ursprünglich als Gebetsgemeinschaften oder als liturgische Einrichtungen gegründeten Basisgemeinden sind über diese bisher dargestellten Formen inzwischen hinausgegangen. Sowohl durch die Predigten innerhalb dieser Gemeinden als auch in den Bibelgesprächen sind die konkreten, persönlichen und gesellschaftlichen Gegebenheiten am Ort immer mehr ins Bewußtsein gehoben und thematisiert worden. In diesen Gemeinden wurde die Basis selbst fähig, darüber nachzudenken, wie die überwiegende Mehrheit der Bevölkerung auf den Philippinen heute ihr Leben gestalten muß: in Not, Armut und Unterdrückung, ohne Freiheit und Menschenrechte. Und in den Gemeinden sind viele Menschen auch fähig geworden, dieses Bewußtsein in der Öffentlichkeit zu artikulieren und das Unrecht anzuprangern. Die Basisgemeinden haben insgesamt in einer engbegrenzt religiösen Themenstellung begonnen, diese aber inzwischen weit überschritten. Es sind Strukturen entstanden, die zumindest im regionalen Bereich auch politi-

sche Bedeutung erlangt haben. Wenn beispielsweise Konzerne neue Wirtschaftssiedlungen planen und ein Dorf im Wege steht, dessen Einwohner einfachhin vertrieben werden sollen («hamletting»), oder wenn durch die Vergrößerung eines Hafens, die wirtschaftlich durchaus sinnvoll sein mag, einem ganzen Heer von Fischern die Existenzgrundlage entzogen wird, oder wenn eine Wasserleitung in ein Slumgebiet gesperrt und das kostbare Naß in den Swimmingpool im Prominentenviertel nebenan fließen soll, artikulieren heute die ehemals rein liturgisch orientierten Basisgemeinden die Stimme des «kleinen Mannes» und verschaffen ihr Gehör. Damit sind die Basisgemeinden zu einer politischen Kraft geworden. Und diese Kraft steht in Opposition zur herrschenden Macht des Staates. Bereits 1976 ist eine geheime Untersuchung der Armee zu dem Ergebnis gekommen, daß die christlichen Basisgemeinden gefährlich und als politische Zellen anzusehen seien. Später, nachdem sich die Situation weithin verschärft hatte, wurden sie in der Regel für subversiv erachtet.
Weite Teile der Philippinen, vor allem die im Süden gelegene Insel Mindanao, leben heute in einer bürgerkriegsähnlichen Situation. Auf der einen Seite die Armee, die das Regime stützt. Auf der anderen Seite die kommunistisch inspirierte Untergrundarmee New Peoples Army (NPA). Die NPA sah bisher in den Basisgemeinden ihre natürlichen Verbündeten. Sie versuchte, diese Gemeinden zu infiltrieren, in ihnen Fuß zu fassen, sie mit ihrem marxistischen Gedankengut zu unterwandern und Menschen für ihre Zwecke zu rekrutieren. Und es gab zweifellos Strömungen innerhalb der Basisgemeinden, die sich diesem Gedankengut als offen erwiesen. Mit Ausnahme von einigen wenigen Gemeinden und überregionalen Basiseinrichtungen, die Gewaltanwendung nicht mehr ausschlossen und mit der NPA zusammenarbeiteten, beschränkte sich die überwiegende Mehrzahl der sozial-gesellschaftlich orientierten Basisgrup-

pen jedoch auf die Bewußtseinsbildung ihrer Mitglieder und auf Öffentlichkeitsarbeit. Bewaffneten Widerstand und Terror lehnten sie ab. Und so gerieten sie immer mehr zwischen die Fronten und standen in Gefahr, zwischen Armee und NPA zermahlen zu werden. «Sandwiching» nennt man diesen Prozeß.

Kirchliche Laienmitarbeiter waren dabei am meisten gefährdet. Sie genießen nicht den Schutz, den Bischöfe und Priester in der Öffentlichkeit finden. Wir trafen Katechetinnen, die über ein Jahr ohne Prozeß inhaftiert waren. Sie wurden im Gefängnis geschlagen, gefoltert, vergewaltigt. Und sie baten uns dringend, beim Gespräch nicht zu fotografieren, ihre Namen nicht zu notieren oder gar in der Öffentlichkeit zu nennen. Sie fürchteten ganz offensichtlich um ihr Leben. Auf Mindanao verging kein Tag, an dem nicht mehrere Laienliturgen und Mitarbeiter in Basisgemeinden oder kirchlichen Organisationen ermordet aufgefunden wurden: erschossen vom Militär oder die Kehle zerschnitten von der NPA, der es an Waffen mangelt und die ihre Opfer deswegen so umbringt. Doch wurden die Morde auch in der Weise vollzogen, die traditionellerweise der jeweilige Gegner bevorzugt. Man wollte ihm den Terror in die Schuhe schieben. Der Vorgang wiederholte sich allabendlich: Bei einer Razzia wurden kirchliche Mitarbeiter festgenommen, im Polizeipräsidium verhört, freigelassen, und am nächsten Morgen fand man sie wenige hundert Meter weiter tot auf. Die Mitarbeiter in den Basisgemeinden wissen um dieses Risiko, und sie sind bereit, es in ihrer verzweifelten Situation auf sich zu nehmen. Die Tatsache, daß heute die Predigten in den Chapels zentral von den Bischöfen vorgefertigt werden, soll die Liturgen in den Gemeinden schützen, daß man ihnen kritische Aussagen nicht unmittelbar zur Last legen kann.

Zwischen den verschiedenen Formen der Basisgemeinden gibt es durchaus Spannungen, und nicht jede ist bereit, den anderen ihre kirchliche Existenzberechtigung zuzuerkennen. Auch die Bischöfe sind keineswegs einmütig. Es gibt Oberhirten, die gute Beziehungen zu den Militärs pflegen. Denn schließlich, so war ihr Argument, muß das Leben ja weitergehen, wenn der allgemein befürchtete Militärputsch kommt. Auf der anderen Seite steht ein Bischof Claver, der erklärte, keine Basisgemeinde verdiene es, am Leben gehalten zu bleiben, wenn sie nicht von der NPA für wert erachtet wird, infiltriert zu werden, und wenn die Armee sie nicht für subversiv hält. Und zwischen diesen beiden Positionen vertreten manche Bischöfe die Auffassung, die Kirche solle sich auf die Seelsorge konzentrieren und soziale Not caritativ lindern, Politik sei nicht ihr Geschäft. Aber auch Vertreter dieser Position erkennen mehr und mehr, wie uns Kardinal Sin von Manila sagte, daß die Kirche sich auf den Philippinen von einer politischen Mitverantwortung gar nicht dispensieren kann. Sie stellt neben der staatlichen Autorität, der weithin niemand Vertrauen schenkt, praktisch die einzige intakte und gesellschaftlich relevante Größe dar, der, gewollt oder ungewollt, die verschiedensten Aufgaben zufließen, bis hinein in den Bereich der Bildung, der gewerkschaftlichen Organisation, der Sozialfürsorge und der Vertretung der Interessen des Volkes gegenüber dem Staat und der Justiz. Sie hat im Gegensatz zum Staat weithin das Vertrauen des Volkes, und sie ist in der heutigen Situation auf den Philippinen durch ihre Forderungen nach Freiheit, nach Menschenrechten und Menschenwürde und durch die Absage an jede Form der Gewaltanwendung die wichtigste oppositionelle Kraft. Wollte sie sich aus dieser Verantwortung drücken, wäre dies eine eminent politische Entscheidung, denn sie müßte darauf verzichten, diese Forderungen weiterhin zu artikulieren. Es war von hoher politischer Brisanz, als die Kirche am Jahrestag der Ermordung Aquinos zu einem «nationalen Tag des Gebets und des Fastens für Gerechtigkeit und Frieden» aufrief, an dem die ganze Nacht hindurch landesweit in allen Kirchen gebetet und gesungen und am ganzen Tag auch von vielen derjenigen gefastet wurde, die sonst zu essen haben.

Es war durchaus von politischer Bedeutung, als Papst Paul VI. bei seinem Besuch auf den Philippinen 1970 durchsetzte, einen Gottesdienst gerade in Tondo zu halten, dem schlimmsten und erbarmungswürdigsten Slum der Philippinen, in dem rund eine Million Menschen leben. Doch die Machthaber wußten sich zu helfen und das himmelschreiende Elend vor den Augen der Weltöffentlichkeit zu verbergen. Frau Marcos als Gouverneur von Metro Manila ließ rund um den für den Gottesdienst vorgesehenen Platz Sichtblenden aufstellen. Diese sind gestaltet als Häuserzeilen aus Fassaden im freundlichsten spanischen Kolonialstil: mit Balkonen, Erkern, Balustraden, Säulen, alles in leuchtenden Farben. Einige der Scheintüren schienen halb geöffnet, hinter den blinden Fenstern sah man ordentlich drapierte Gardinen. Daß man durch keine der Türen gehen, durch keines der Fenster sehen kann, daß sich hinter all dem nichts verbirgt als abgrundtiefe Not und unmenschliches Elend, wird nur wenigen Betrachtern auffallen. Jedenfalls durfte man während des Marcos-Regimes in Tondo nur auf diesem Platz fotografieren.

Wen kann es verwundern, wenn angesichts derartiger Praktiken mancher seine Zuflucht zur Gewalt nahm? Zu verlieren hatte er nur sehr wenig, und die Hoffnung, daß es seinen Kindern einmal besser gehen würde und sie in einer gerechteren Welt leben könnten, war bei manchem weit intensiver als der Wunsch, sein eigenes Leben unter den gegebenen Umständen noch lange weiterzuführen.

# Bleibende Erinnerungen

Die Basis in den Philippinen, die durchschnittliche Bevölkerung, ist in einem hohen Maße politisiert. Es herrscht ein überaus scharfes Bewußtsein für Armut, Not und Unterdrückung. Die Basisgemeinden und die kirchliche Arbeit an der Basis haben zu einem guten Teil dazu beigetragen, daß man die menschenunwürdige Situation, in der rund 85 % der Leute leben, nicht mehr als naturgesetzliche Notwendigkeit oder als göttliche Fügung ansieht, als Strafe für Schuld oder als Vorbereitung auf ein besseres Jenseits, sondern als Unrecht, als Ausbeutung und Unterdrückung. Indem sie dieses Bewußtsein gefördert haben, den Drang nach Freiheit und Menschenwürde verbreiteten und den Armen eine Stimme verliehen, waren und sind diese Basisgemeinden im Sinne eines ausbeuterischen Regimes zweifelsohne subversiv. Sie stellen das System in Frage, selbst wenn sie nicht direkte Gewalt anwenden. Durch die Konzentration auf die Basisgemeinden – so unterschiedlich sie auch sein mögen – und durch die Thematisierung von Armut, Unterdrückung und Unrecht entwickelt sich in den Philippinen derzeit eine eigenständige Theologie der Befreiung.

Die Armut in den Philippinen ist in gar keiner Weise romantisch, gleichsam ein immerwährendes Zeltlager. Armut stinkt, Armut macht krank, Armut macht kriminell. Auch wenn die Menschen zumeist lächeln, würde man sie zutiefst mißverstehen, wollte man ihnen in Touristenmanier andichten, sie seien ganz zufrieden und verlangten nach nichts mehr als nach einer Banane am Tag. Die Philippinos tun alles, um dieser Situation zu entfliehen oder doch wenigstens ihren Kindern die Chance zu geben, einmal besser zu leben. Auch in den Slums sind die meisten sauber, adrett gekleidet, jedenfalls nicht schlampig oder verwahrlost. Manche ziehen freiwillig und bewußt vom Land in die

Slums der Großstädte, um ihren Kindern dort eine Schulbildung zu ermöglichen, die ihnen einmal ein besseres Leben garantieren soll. Bildung steht hoch im Kurs. In einer Hütte in den Slums von Manila, gebaut aus Schilfmatten und einem Blechdach, umgeben von Morast und Abwässern, fand ich ein zehnbändiges englisches Lexikon, dem man ansah, daß es benutzt wurde. Die Menschen helfen sich gegenseitig, ihre Not erträglicher zu machen oder sie zu überwinden. Apathie, die in Südamerika so sehr das Bild bestimmt, habe ich auf den Philippinen nicht gesehen.

Die Theologie der Befreiung, die heute in den Philippinen ebenso entwickelt und vorgetragen wird wie in Südamerika, erfreut sich auch bei uns eines hohen Maßes an Interesse. Doch unmittelbar übertragen lassen sich die theoretischen Aussagen und die organisatorischen Formen, die hier gefunden werden, auf unsere mitteleuropäische Situation nicht. Die Lebensbedingungen, unter denen die Kirche dort und hier lebt, sind allzu verschieden. Aber etwas von der Freiheit und von dem Mut, neuen Fragen auf ungewohnten Wegen zu begegnen, könnten wir von dieser jungen und von Traditionen wenig belasteten Kirche durchaus lernen. Nicht die dort gefundenen Antworten, sehr wohl aber die Korrelation zwischen Frage und Antwort könnte auch für uns befruchtend wirken und uns helfen, auf die uns gestellten Fragen angemessene Antworten zu suchen. (Siehe hierzu den letzten Beitrag in diesem Buch.)

Einer unkritischen Übernahme philippinischer Denkversuche setzt sich auch die dortige Kirche zur Wehr. Dies geht so weit, daß Europäern verschiedentlich sogar der Dialog verweigert wird. Am deutlichsten wurde uns dies beim Besuch der Geschäftsstelle einer Arbeitsgemeinschaft von Theologen der Dritten Welt, die ihren Sitz in Manila hat. Die Leiterin dieses Büros, eine katholische Nonne, erklärte uns geradeheraus, daß die Menschen der Dritten Welt ihre gesellschaftliche, kulturelle und personale Identität noch nicht gefunden haben. «Wir wissen nicht, wer wir sind, und wir legen keinen Wert darauf, daß ihr kommt und uns sagt, wer wir sein sollen.» Dialog im westlichen Sinn sei nichts anderes als eine subtile Form von Bevormundung und Herrschaft, gegen die man sich zur Wehr setzen müsse. «Gebt uns wenigstens ein Zehntel der Zeit, die ihr gebraucht habt, eine westliche Theologie auszugestalten. Dann wird ein Dialog wieder sinnvoll und möglich sein.» Wir wurden verabschiedet mit der Feststellung, daß wir einander derzeit nichts zu sagen haben und die Philippinen in Ruhe lassen sollten. Dennoch: Mich haben die Philippinen seither nicht mehr in Ruhe gelassen.

# Kirche nach Menschen-Maß

## Theologische Perspektiven aus asiatischer Sicht

Von Fritz Köster

Als wir im Februar 1984 ein Flugzeug bestiegen, das uns in einige Länder Asiens bringen und uns den Kontakt mit Ortskirchen und Ortsgemeinden in Taiwan, Thailand und den Philippinen ermöglichen sollte, gingen mir während der langen Reise eine Fülle von Fragen durch den Kopf. Wie würde es wohl in Asien aussehen? Welche Menschen gab es dort, wie lebten sie und wie wurden sie mit ihren Lebensproblemen fertig? Wie beeinflußten Hinduismus und Buddhismus – vielleicht auch am Rande noch der Islam – das Volksleben und die Kulturen, und umgekehrt: Wie waren die großen Weltreligionen von den Kulturen Asiens geprägt? Was hatte es auf sich mit dem Christentum: Warum hatte es in den Ländern, die von den großen asiatischen Religionen bestimmt sind, trotz jahrhundertelanger Missionsarbeit kaum nennenswerte «Erfolge» erzielt? Und wenn ja, was machte das Christentum «asiatisch», das heißt, wie war es eingegangen auf die Mentalität und das Denken der Asiaten, und wie gaben Asiaten mit ihrer «Andersartigkeit» dem Christentum ihr Gepräge und ihre Anziehungskraft? Kurz: Da es Christentum und Kirche in Asien mit anderen Menschen als in Europa zu tun hatten und offensichtlich auch mit anderen Problemen – welches einheimische «Gesicht» hatten sie angenommen als Voraussetzung für die Bewältigung der spezifisch asiatischen Probleme;

was machte die Arbeit der nachkonziliaren Kirche besonders interessant; welchen Beitrag leistete sie zum Werden der wahren «Katholizität»? Was konnte man von einer Kirche lernen, die von ganz anderen Voraussetzungen ausgehen mußte als bei uns und vielleicht Impulse zu geben vermochte, die die Kirche als Welt-Kirche bereichern?
Meine Fragen wurden im Laufe der Reise noch besonders dadurch verstärkt, daß wir intensiven Kontakt aufnehmen konnten mit zwei Persönlichkeiten (Bischöfen) und ihren Mitarbeitern, die in zwei vollkommen verschieden geprägten Ländern arbeiten und dennoch – wo es um pastorales Planen und Handeln ging – wie aus gleichem Holz geschnitzt zu sein schienen. Der eine war Bischof Mansap aus Ubon/Thailand, wo die Christen eine verschwindend kleine Minderheit (0,5 %) darstellen gegenüber der überwältigenden buddhistischen Mehrheit: Der andere war Bischof Labayen von den Philippinen (siehe seinen Beitrag in diesem Buch), dem einzigen Land Asiens mit einer überwältigenden christlichen Mehrheit (93 %).

## Glaube als Grundlage

Eine entscheidende pastorale Einsicht, die mir beide vermittelten, möchte ich in dem Satz zusammenfassen: Der Glaube als «Lehre» – ein leerer Glaube. Der Satz hat – für einen Europäer – in mancher Hinsicht Überraschendes an sich: Er ist jedermann verständlich und provokativ zugleich; er scheint radikal einen Glauben in Frage zu stellen, der zu sehr auf «Reflexion» beruht und darauf vertraut, daß der Glaube durch Formeln und Sätze erhalten und gegen mögliche Anfechtungen verteidigt und bewahrt zu werden vermag; er zielt offensichtlich auf eine andere «Schicht» im

Menschen als auf das, was sich im «Kopf» abspielt; er ist «anthropozentrisch» im Sinne der Behauptung, daß das Eigentliche im Menschen in einer tieferen Dimension geschieht – im Un- und Unterbewußten, im Irrationalen, im Unberechenbaren, im Unauslotbaren und Unaussprechbaren seiner Seele. Auf Anhieb scheint dieser Satz eine typisch asiatische Einstellung zu vermitteln: Nicht mit dem Kopf vermag man Gott zu erfahren, sondern mit dem Herzen; nicht mit Verstand und Willensakten, sondern auf dem Wege der Meditation, der asketischen Einübung, der Existenzvertiefung, des Hinabfallens durch alle Schichten des Seins bis auf den Grund der Dinge, wo Gott wohnt. Wendet sich asiatisches Christentum gegen jede Form von «verkopfter» Theologie und Pastoral?

## I. Der Glaube als «Lehre» – ein leerer Glaube

Diese «Kurzformel» kam mir während eines pastoralen Gesprächs, in dessen Verlauf uns Bischof Labayen ein Schaubild vorlegte und es in folgendem Sinne erläuterte (siehe Schaubild I): Der Mensch besteht aus einem Kopf; darin wohnen Verstand und Wille; Gedanken spielen sich darin ab; Ideen werden geboren; neue Zusammenhänge werden

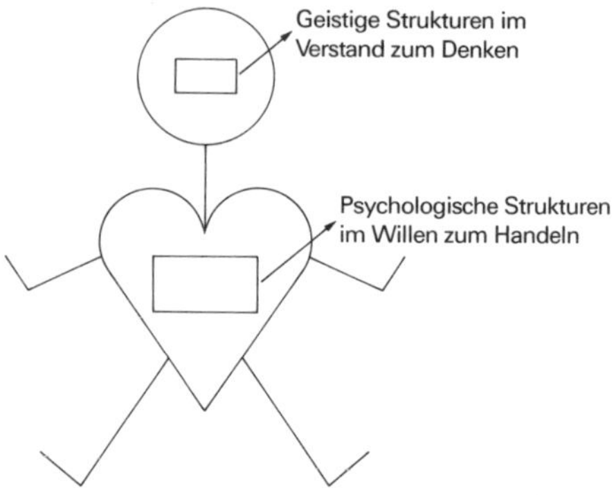

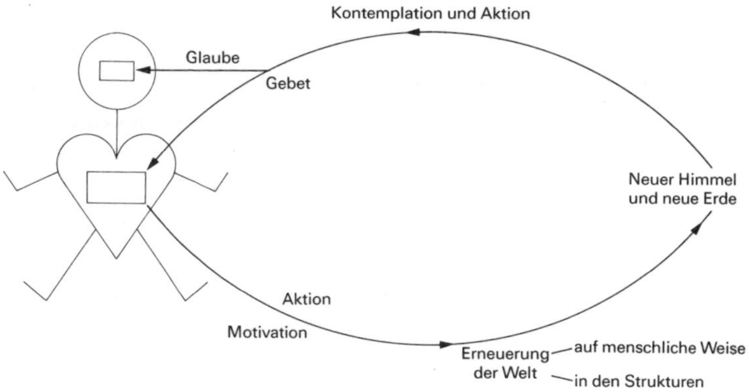


gesehen; das führt zu schöpferischen Erfindungen, zu mutigen Taten in Technik und Zivilisation.

Als die Missionare nach Asien kamen, um der Bevölkerung die Botschaft Christi vom Reich Gottes zu verkünden, konzentrierten sie ihre Tätigkeit ganz auf den Kopf des Menschen (Schaubild 2). Der Glaube wurde den Menschen durch Ideen, Gedanken, Sätze, katechetische Fragen und Antworten vermittelt. Er wurde verbunden mit einer Form der Sakramentenspendung und Liturgie, die lang und breit erst «erklärt» werden mußte, um sie verständlich zu machen. Denn die Art und Weise, wie die Europäer beteten und feierten, war den Asiaten von Haus aus fremd und unzugänglich. Deshalb gelang das Werk der Evangelisierung in Asien nicht, und wenn es «Fortschritte» machte, dann nur auf dem Weg der Kolonisierung und Europäisierung. Wie zweifelhaft solche «Fortschritte» sind, mußte in dem Augenblick offenkundig werden, wo sich das Christentum nicht mehr auf äußere Macht und Herrschaft stützen konnte. Deshalb sieht sich der christliche Glaube im Zeitalter der Entkolonisierung und Enteuropäisierung radikal in Frage gestellt.

Die Krise des Christentums und der Kirche hat sich insofern als ein heilsamer Schock erwiesen, als Christen in Asien wieder darüber nachdenken mußten, daß der Mensch nicht nur aus einem Kopf besteht, sondern auch aus einem Bauch. Der Bauch ist der Sitz der menschlichen Gefühle, der Sympathie und Antipathie, der Lust und Unlust, der Freude und des Schmerzes, der Aggressionen und der Friedfertigkeit. Der Bauch des Menschen hat viel mit seinem sozialen Verhalten zu tun: mit der Fähigkeit oder Unfähigkeit, Kontakte zu knüpfen und aufrechtzuerhalten oder sich asozial zu gebärden; mit der Möglichkeit zu Kooperation und gemeinsamen Unternehmungen; mit Versöhnungsbereitschaft und Unversöhnlichkeit; mit Konfliktbewältigung und sich hinschleppenden ungelösten Kommunikationsschwierigkeiten.[28]

Das Christentum in Asien hat bis in die jüngste Zeit hinein kaum auf solche Realitäten geachtet. Deshalb hat es nicht nur ein europäisches Gewand behalten, sondern auch eine äußere Fassade, die geschmückt war mit schönen Sätzen und rechtlich sauberen Verhaltensweisen. Aber es hat den Menschen in seinem Inneren nicht erfaßt; es hat keine Selbständigkeit und eigene Dynamik entwickelt; deshalb auch keine missionarische Kraft und Glaubwürdigkeit, die Asiaten hätte überzeugen können.

Mit anderen Worten: Während der Kopf evangelisiert bzw. christianisiert wurde, blieb der Bauch «heidnisch» oder auch «buddhistisch-asiatisch». Diese Tatsache zeigte sich überall dort, wo und wie Christen miteinander umgingen: Obwohl «praktizierend», unterschieden sie sich in ihrem sozialen Verhalten und in ihrem alltäglichen Umgang miteinander in keiner Weise von denen, die keine Christen geworden waren. Von «christlichen Gemeinden» als «Licht der Welt», «Stadt auf dem Berge» konnte keine Rede sein; auch nicht von evangeliengemäßen Lebenswerten, die wie ein Sauerteig das Ganze asiatische Leben hätten beeinflussen können. Im Augenblick der Krise stellte sich also die Frage

nach der eigentlichen Kraft des Evangeliums, die den ganzen Menschen zu «bekehren» fähig sein muß und auf dem Weg über den Menschen die konkrete Welt und Umwelt. Deshalb steht die «Befreiung» des Menschen und der Welt von allem, was unchristlich und widergöttlich ist, in einem inneren Zusammenhang. Erst der Mensch, der sich *in seiner Ganzheit* zu Christus bekehrt und sich mit sich selbst versöhnt hat, vermag durch seine Motivation und Aktion ein befreiendes und aufbauendes Element bei der Erneuerung der Welt zu sein. Umgekehrt vermögen nur nach Menschen-Maß zugeschneiderte humane und christliche Strukturen dem einzelnen eine Hilfe zu sein, sich selbst zu verchristlichen und zugleich zu vermenschlichen.
Um ganzheitlich den Menschen und die Gesellschaft weiterzubringen bzw. aus dem Zustand der Unterentwicklung in den der Entwicklung zu führen, bedarf es zunächst der klaren und möglichst eindeutigen Analyse der «Situation», in der die Welt sich befindet. Die Problemanalyse weist darauf hin, daß die konkrete «Lage» von rein menschlichen Faktoren belastet sein kann; aber auch von sozialen, wirtschaftlichen, politischen ... Dies zu begreifen ist ein erster Schritt. Der zweite und entscheidende besteht darin, im Geist des Evangeliums jene Motive und jene Spiritualität zu entdekken, die geeignet sind, zur Problemlösung einen Beitrag zu leisten. Dabei erweist sich Christus in dem, was er gesagt und getan hat, als Berater, Befreier und Heiler von allen menschlichen Begrenztheiten und Unerlöstheiten. Im Sinne des «die Situation sehen; richtig beurteilen und entsprechend handeln lernen» wird das Menschsein und Christsein zugleich eingeübt; christliches Denken und Handeln vermögen so die Welt und Umwelt konkret zu beeinflussen.
Man sieht an solchen Bemühungen, daß der Glaube an Christus ein «leibhaftiger» Glaube sein will. Er ist entschieden mehr als ein einfaches «Bescheidwissen» über bestimmte Lehren und Systeme. Grundlegend werden eigene

Lebenserfahrungen und herkömmliche asiatische Frömmigkeitsvollzüge, die etwas mit «Mystik» zu tun haben. Der christliche Auftrag besteht dann darin, Glauben nicht einfach zu predigen, sondern vor allem zu vergegenwärtigen, das heißt Christus in Gestalt der eigenen Nachfolge sichtbar zu machen. Das Leben in Einheit mit Gott und das brüderliche Leben in der Gemeinde werden synonyme Vorstellungen und Lebensvollzüge.

Wie sehr solche Vorstellungen von gelebter Religion zutiefst etwas mit asiatischer Mentalität zu tun haben, mögen *zwei Beispiele* deutlich machen: erstens die agnostizistische Einstellung des Buddha und zweitens die Atman-Brahman-Theorie des Hinduismus.

Was den sogenannten Agnostizismus des Buddha betrifft, so gab es in seiner Zeit (558–478 v. Chr. oder 567–487 v. Chr.) eine große Anzahl in Indien herumreisender Wandermönche, die über die Fragen nach den letzten Dingen verschiedene widersprüchliche Auskünfte erteilten. Über die Fragen: Gibt es einen Gott oder gibt es keinen; ist die Welt ewig oder nicht; gibt es eine für alle Menschen gültige Wahrheit oder nicht; gibt es ein Weiterleben nach dem Tode oder nicht . . .?, lebten die Mönche in einem heftigen Streit miteinander. Es hatten sich theologische Schulen gebildet, die die Menschen gegeneinander aufwiegelten. Der Buddha, eines Tages von seinen Jüngern gefragt, was er von all den verschiedenen Ansichten halte und welche Meinung er vertrete, setzte sich von allen philosophischen Lehrmeinungen ab. Über Fragen nachzudenken oder gar zu streiten, die ohnehin nicht zu beantworten sind, bedeute so viel wie: seine Zeit verlieren, das Heil bzw. die Verwandlung des Menschen in sein göttliches Wesen versäumen durch das Haften an all dem, was das Dasein im allgemeinen bestimmt. Der Buddha verweist auf das Unsagbare, Unaussprechbare und durch Menschenverstand Unauslotbare, demgegenüber jede Art von religiöser Lehre wie Schall und

Rauch erscheint und die es darum – falls vorübergehend eine in Anspruch genommen wird – möglichst bald hinter sich zu lassen gilt. Das Fahrzeug der Lehre soll von jedem, der ein weiser und kluger Mann ist, weggeworfen und vergessen werden, sobald er das andere Ufer des Lebens, das Nirwana bzw. die Erleuchtung, erreicht hat.[29]
Das zweite Beispiel, welches die asiatische Konzentration auf die Innerlichkeit deutlich macht, stammt aus der Zeit der Upanishaden (800–500 v. Chr.). Die hinduistische Atman-Brahman-Lehre läßt sich am einfachsten an der berühmten Erzählung verdeutlichen, die darüber berichtet, wie der Vater seinen Sohn zwölf Jahre lang in eine Schule schickte, damit dieser die Veden studierte. Dieser kehrte daraufhin nach Hause zurück: «hochfahrenden Sinnes», sich weise und stolz dünkend. Das machte den Vater stutzig. Er ließ ihn Salz in ein Glas voll Wasser schütten und von allen Seiten das nun salzig gewordene Wasser trinken. Das überall vorhandene, aber dennoch unsichtbare Salz wurde zum Gleichnis und Symbol für die «feinste Substanz», die allem Seienden zugrunde liegt und das eigentliche Selbst der Dinge ausmacht. Dieses Absolute ist im Weltall das Brahman; es ist die letzte große Wirklichkeit, die die Welt im Innersten zusammenhält. Dagegen ist das Atman das eigentliche Selbst des Menschen, das letzte und tiefste Geheimnis seiner Innenwelt, die allen äußeren Erscheinungsformen zugrundeliegende unwandelbare Tiefendimension seiner Seele. Diesen letzten Urgrund aller Dinge zu erfassen, geht nicht mit Hilfe einer Lehre oder abstrakten Spekulation, sondern nur durch Askese und Meditation, durch die es der Mensch lernt, in sich selbst hineinzuschauen und nicht nur sein eigenes letztes und tiefes Geheimnis zu erkennen, sondern auch das der Welt. Man könnte sagen: Der Mensch gelangt zur Erlösung und zum Heil nur dadurch, daß er die vielen frag-würdigen, widersprüchlichen und Unfrieden schaffenden Erlebnisweisen der menschlichen

Lebens-Oberfläche hinter sich läßt und auf den wahren Grund der Dinge vorstößt, wo der Friede wohnt und wo ein Bewußtseinszustand erreicht wird, der jenseits der Denkfähigkeit und jenseits aller Sinneswahrnehmungen die Versöhnung mit sich selbst und dem Weltall ermöglicht.[30]
Solche asiatischen Beispiele zeigen nicht nur die Andersartigkeit im Denken gegenüber Europa, sondern machen auch deutlich, warum Asien niemals zu jener Vorherrschaft der Ratio vorgedrungen ist, von der Stählin meint, sie habe das Abendland logisch-kausal, grenzenlos-maßlos, radikal-unduldsam gemacht. Die Ratio, der «alleinige Maßstab der Wirklichkeitserfassung und der Weltgestaltung», sei die eigentliche Machtquelle Europas gewesen und habe die Voraussetzungen kolonialer Herrschaft geschaffen. Als «eigentlicher Exportartikel Europas» habe sie die Welt nicht nur zu europäisieren und durchzurationalisieren versucht, sondern auch langweilig, oberflächlich, steril gemacht. Auch das Christentum, weil im Gewand der Alleinherrschaft der rationalen Denkweise auftretend, hätte keine wirklich christliche Freiheit gebracht, sondern eher eine Form von Apostasie und Häresie, die das Ganze des Menschen, die Tiefendimension aller Wirklichkeit leugnet.[31]
Die Begegnung der abendländischen Kirche mit der Asiens muß uns Europäern also notwendig vor Augen führen, daß die Macht der Ratio auch eine unheimliche Kehrseite hat. Ihre Ohnmacht besteht darin, daß sie zur Selbstzerstörung auf verschiedenen Gebieten geführt hat: zur Zerstörung der Sprache, des menschlichen Miteinanders, der Kommunikation, bestimmter Kräfte der Seele, schließlich auch des Glaubens. Die Theologie der Befreiung besteht für Asien deshalb darin, sich aus der abendländischen Gefangenschaft der Ratio und den damit verbundenen kolonialen Frustrationen zu befreien;[32] durch die Wiederentdeckung seiner eigenen Seele, seiner Mythen und Volks-Träume seinen eigenen christlichen Weg zu finden, ohne daß sich das

Christentum abendländischer Prägung mit seinen schweren Strukturen und Verwaltungsmechanismen weiterhin als «réligion dominante» (Desroche) erweist.
Asien erinnert daran, daß die Alleinherrschaft der Ratio die europäischen Gesellschaften und Kirchen in eine lebensbedrohende Krise geführt hat. Diese Krise kann nicht dadurch überwunden werden, daß wir asiatischen Sekten und Gurus das Feld überlassen. Die Erinnerung an unsere eigene vor-technische Geschichte macht uns wieder bewußt, daß auch bei uns das mystische Denken, der Wille zur Beherrschung der Innenwelt und das Sich-Einlassen auf die nicht-meßbaren Kräfte der Seele nicht gefehlt haben, bevor die Prinzipien «Wissen ist Macht» (F. Bacon) und «messen, was meßbar ist» (G. Galilei) ihren Absolutheitsanspruch erhoben. Auf jeden Fall erweist es sich im Kontakt mit Asien als eine unserer vornehmlichsten Aufgaben für die Zukunft, «den Weg aus den bloßen Einseitigkeiten der beiden technischen Grundformen und der beiden Denkformen zu finden. Ohne diese Leistung wird das notwendig kommende menschliche Zeitalter . . . kaum Wirklichkeit werden können«.[33]

## 2. Der mit Leben erfüllte Glaube

Wenn in asiatischen und in anderen Ländern der Dritten Welt heute in steigendem Maße die Rede davon ist, daß es den christlichen Glauben mit dem konkreten Leben in Verbindung zu bringen gilt, dann muß man sich einen Augenblick die Tatsache vor Augen halten, daß es Asien während der Kolonialzeit mit einem Christentum zu tun hatte, welches selbst ein recht gebrochenes Verhältnis zur Welt und zu «weltlichen Dingen» besaß. Auf der einen Seite bauten die europäischen Missionare nicht nur Kirchen und Kapellen, sondern auch Schulen, Krankenhäuser, Pflegestationen

und wirtschaftliche Betriebe. Auf diese Weise wurden die in gewissem Sinne zur Weltflucht neigenden asiatischen Religionen mit einer Form der Weltbewältigung in Berührung gebracht, die sich sehr positiv ausgewirkt hat. Neohinduistische und neobuddhistische Bewegungen geben ein beredtes Zeugnis davon, daß sie viele Formen der Caritas und sozialer Dienste vom Christentum übernommen haben.
Andererseits haben sich diese christlich-europäischen Formen der Entwicklung als besonders «kolonialistisch» erwiesen insofern, als sie der Ausbreitung der europäischen Kultur und Zivilisation dienlich waren. Dieser geschichtliche Sachverhalt wird dadurch noch schwerwiegender, daß das Christentum bei seinem Auftreten in Asien mit ganz bestimmten Formen abendländischer Kultur verbündet war, während es zu anderen Formen ein äußerst zwiespältiges Verhältnis hatte.
Zum Beispiel war der Katholizismus voll Mißtrauen gegen die Prinzipien der USA von 1776 und Frankreichs von 1789. Im ganzen 19. Jahrhundert bis in unsere Generation hinein hat er den tragenden Prinzipien der demokratischen Ordnung und der technischen Kultur einen hartnäckigen Widerstand entgegengesetzt. Pius VII. (1800–1823) und Leo XII. (1823–1829) kämpften mit Erfolg auf der Seite der Antidemokraten; Gregor XVI. (1831–1846) war radikal gegen die «modernistische» Gewissens- und Pressefreiheit eingestellt, was bei Pius IX. (1846–1878) zum sogenannten «Syllabus», der Verurteilung aller modernen Freiheits- und Demokratievorstellungen führte. Das Papsttum stützte sich nicht nur auf die paternalistische Gesellschaftsordnung, die als im Einklang stehend mit der Organisation der Kirche und mit dem heilsgeschichtlichen Willen Gottes angesehen wurde, sondern faßte sich selbst auf als «Fels in der Brandung» – eine Vorstellung, die auf dem Ersten Vatikanischen Konzil bis zur absoluten Monarchie gesteigert wurde. Das Ergebnis dieser Entwicklung war jedenfalls «der Konflikt

zwischen Glaube und Kultur ... als das große Unheil, um nicht zu sagen die Tragödie der Neuzeit»[34]. Paul VI. schrieb 1967 darüber: «Der Bruch zwischen Evangelium und Kultur ist ohne Zweifel das Drama unserer Zeitepoche, wie es auch das anderer Epochen gewesen ist.»[35]

Dieser «Bruch» hat in den herkömmlich christlichen Ländern seine eigene Sprache und Ausdrucksweise erhalten. Ein beredter Zeuge dieses Dramas ist der Russe Dostojewski. Für ihn hat das paternalistisch-hierarchische Denken der Kirche zur Entwicklung einer Theologie geführt, die von der Gottessohnschaft Jesu und seiner Verherrlichung durch seine Auferstehung ausging. Im Großinquisitor der «Brüder Karamasow» hat Christus alle Macht dem Papst übergeben. Seitdem Christus im Himmel ist, sind die Menschen auf Erden unter sich; Thron und Altar können sich verbünden und gemeinsam die Herrschaft über Länder und Menschen antreten, zumal Jesus bei seinem Versuch, dem Grundgesetz dieser Welt, der Macht, das neue Grundgesetz der Liebe entgegenzusetzen, einen schweren Fehler begangen hat: Er hat die Menschen ethisch überschätzt; er hat zu hoch von ihnen gedacht; deshalb war die «Geburtsstunde der Kirche» nötig, um die Menschen so zu nehmen und zu beherrschen, wie es ihrer Natur und Veranlagung entspricht.

Der Franzose Comblin hat in diesem Zusammenhang von der «Ikonisierung» des Lebens Jesu gesprochen, wie sie in der Kunst zur Darstellung kommt. Da handelt es sich um einen Jesus, dessen Gesten steif und stereotyp geworden sind und nur noch theologische Themen darstellen. Das Leben Jesu ist kein menschliches Leben mehr, das in der Geschichte eingetaucht wäre. Wie auf Ikonen zu sehen, werden seine Gesten und Gebärden aus dem menschlichen Kontext herausgehoben, stilisiert und umgewandelt in Zeichen einer transzendenten und unsichtbaren Welt.

Wenn das Christentum in seiner Begegnung mit asiatischen

Religionen und Kulturen diese nicht ernst nahm und sie im Gegenteil zu zerstören bereit war, dann hatte das nicht nur etwas mit Europäismus oder mit darwinistischen Evolutionstherorien zu tun, die das Christentum an die Spitze der religiösen Entwicklung der Menschheit stellten, sondern auch mit einer Theologie, in der der abwesende Gott menschlichen Vertretern all seine Macht übergeben hatte. Die Folge davon waren nicht nur kirchliche Machtansprüche, sondern jene Form der «übertriebenen Verinnerlichung» christlicher Lebenswerte, die die tiefen Sorgen und Nöte, das «profane Leiden» oder die «profane Leidensgeschichte» von Menschen nicht mehr zuließ und deshalb auch den Realismus und den Ernst der biblischen Frage nicht mehr verstand: Herr, wann hätten wir dich je leidend, hungrig, durstig, krank oder nackt gesehen? (vgl. Mt 25,31–46).

In der Tat müssen die Befreiungstheologien der Dritten Welt speziell auf diesem geschichtlichen Hintergrund gesehen werden. Während die Lehre von der *Gottessohnschaft* dazu neigt, die Freiheitsgeschichte des Menschen mit allen Gefahren und Möglichkeiten von Irrtümern und Abwegigkeiten zu verhindern, also hierarchische Ordnung und äußere Ruhe zu wahren, so daß es Sünder und auch den «verlorenen Sohn» nicht mehr geben darf, entstehen Befreiungstheologien, in deren Mitte die Lehre vom *Menschensohn* steht. Sie stellen den urchristlichen Versuch dar, an die Stelle der Liebe zur Macht die Macht der Liebe zu rücken. In der Liebe bleibt Jesus unter den Menschen; in ihrer Lebens- und Leidensgeschichte wird er ihr Bruder und Weggefährte; er wird der Befreier und Helfer in der Not. Im Sinne einer offenen, humanen Christologie wird der Menschensohn aus Nazareth im Horizont seiner Glaubenserfahrung zur Sprache gebracht, damit die Menschen auch ihre eigene Glaubenserfahrung zur Sprache zu bringen lernen. Indem das Besondere der theologischen Argumentation Jesu her-

ausgearbeitet wird – nicht Gesetze, Vorschriften, Verbote, Strukturen, sondern das Heil des Menschen und der Welt –, wird jeder Wille zur Macht in Frage gestellt, was die Liebe der Mächtigen zur Macht empfindlich stört.
Sehr eindrucksvoll hat der Philippiner Hechanova seinen Weg aus seiner Lehrtätigkeit an einem Seminar in die sozial-pastorale Situation seines Landes geschildert. Er ist in mancher Hinsicht bezeichnend für den Weg einer Kirche, die sich zunächst um sich selbst und ihre eigenen Angelegenheiten kümmerte, um dann in die Solidarität mit den Armen einzutreten. Der Verfasser spricht davon, wie er allmählich außerhalb des Seminars eine völlig andere Sichtweise bekam. Er fing an, die Fragen der Menschen, die sich in äußerster Not, Armut, Rechtlosigkeit und Menschenunwürdigkeit befanden, zu begreifen: Gibt es einen Gott in dieser Welt, und wie kann er uns so dahinvegetieren lassen? Wenn im «Vater unser» ständig vom Kommen des Reiches Gottes, von seinem «jetzt schon» und «noch nicht» die Rede ist – wo wird diese Behauptung eigentlich konkret sichtbar und erfahrbar eingelöst? Ist das Zeichen des Kreuzes nur ein Anlaß zur Haltung der Frömmigkeit, Passivität, Geduld und Resignation, oder gibt es auch andere Züge im Leben Jesu: der Herausforderung, des Kampfes, der Kritik, der Tempelreinigung? Sind die Quellen des Glaubens nur Schrift und Tradition oder auch die «Zeichen der Zeit» (vgl. Mt 12,38–42; 16,1–4; 24), das heißt die Ereignisse der Geschichte, Situationen und Erwartungen der Menschen, durch die Gott zu den Menschen spricht und in denen er etwas von den Seinen erwartet? Was nützt die Predigt von der persönlichen Umkehr des einzelnen, wenn Haltungsveränderungen nicht zugleich von Änderungen der ungerechten Strukturen begleitet werden; wenn bei dem «schon jetzt» des Reiches Gottes die Vieldimensionalität menschlicher Lebensvollzüge nicht bedacht wird und an deren Stelle eine «Innerlichkeit» oder ausschließlich «eschatologische Zu-

künftigkeit» gestellt wird, die das wahre menschliche Antlitz Gottes verdunkeln statt es zu offenbaren?[36]
Man sieht an solchen überall in der Welt aufbrechenden Fragen, worum es bei solcher Art von «Theologie des Volkes» geht: um das Bemühen der Integration von Leben und Glauben, menschlicher Geschichte und Heilsgeschichte, menschlicher Lage und geoffenbarter Lehre. Hier sind die Träger theologischer Reflexion nicht mehr nur Professoren und kirchliche Amtsinhaber, sondern das Volk in seinem Kampf um Gerechtigkeit und Selbstverwirklichung. Dabei wird die geschulte Theologie nicht überflüssig; sie artikuliert die Aspirationen des Volkes, bringt konkrete Situationen in einen Deutungszusammenhang zum Glauben, wobei die konkrete Lage ihrerseits den Glauben verständlich macht. Eine Theologie, die eine religiös-christliche Sinngebung in einem Kontext politischer, wirtschaftlicher und gesellschaftlicher Knechtschaft wie in einer Situation pädagogischer, psychologischer und kommunitärer Selbstentfremdung sucht, kann dies nur tun im Deutlichmachen der Menschenfreundlichkeit Gottes mitten in der Zeit und Geschichte. Von der Praxis und der Lebenswelt des Menschen ausgehend, wird Gott derjenige, der das Elend seines Volkes sieht, seine Schreie hört und es aus Ägypten herausführt (Ex 3,7–17); der in Jesus Christus den Armen eine gute Nachricht bringt, den Gefangenen Entlassung verkündet und den Blinden das Augenlicht (Lk 4,16–21); der sich schließlich ein neues Volk schafft, in dem Söhne und Töchter Propheten werden, in dem junge Männer Visionen haben und in dem selbst über Knechte und Mägde ein neuer Geist ausgegossen wird, so daß sie zu Propheten werden ... (Apg 2,17–21).
Vielleicht ist das «Ergebnis» des Ringens um einen mit Leben erfüllten Glauben die Wiedergeburt der Charismen in der Kirche, die keine «spiritistische Kirche» ist, sondern eine der koinonia (Gemeinschaft) und diakonia (Dienen)

verpflichtete, in der jeder seine Stimme zu erheben und seine spezielle Gabe einzubringen vermag.

## 3. Die wiedergefundene Sprachmächtigkeit des Glaubens

Eines der zentralen Anliegen der Kirche in der Dritten Welt seit Medellin 1968 und Puebla 1979 ist es, denen eine Sprache zu verleihen, die bisher keine hatten ... Eine Geschichte von R. Tagore mag zunächst deutlich machen, was es mit der humanisierenden Wirkung einer solchen «Sprachverleihung» auf sich hat:
Ein reicher Prinz traf eines Tages einen Bettler, der ihn um einen Taler oder um Brot bat. Anstatt es dem Armen zu geben, bat der Prinz um einige von den Weizenkörnern, die der Bettler in seinem Sack trug. Dann fuhr er von dannen. Auch der Bettler zog seines Weges, traurig darüber, daß er leer ausgegangen war. Zuhause angekommen, öffnete er seinen Sack und stellte voll Freude fest, daß seine Weizenkörner Goldkörner geworden waren. Die Geschichte endet mit der Bemerkung, daß der Mensch nur zu wachsen vermag, wenn er gibt, und nicht, wenn er immer nur auf die Geschenke und Wohltaten anderer angewiesen bleibt.
Über die demütigende Erfahrung «armer» Länder und Menschen, die stets Empfänger von Almosen und «Bonbons» durch die Reichen geblieben sind und für die die Kolonialzeit wie eine dauernd schwelende oder auch offene Wunde wurde, ist schon genug geredet und geschrieben worden. Tatsache ist, daß auch die europäische Theologie mit ihrer Begriffsklarheit und Wortgewalt wie ein Trauma gewirkt hat und wirkt. Was Exeler einmal eine «Universitätstheologie» genannt hat, die nur noch von Fachleuten verstanden wird und deshalb auch mit der Gefahr verbunden ist, «ausbeuterisches Herrschaftswissen» statt «helfendes Dienstwissen» zu sein, wird von Theologen der Dritten

Welt vielfach als «Theologie der Unterwerfung» abgelehnt, die schon rein sprachlich gesehen Kirche «von oben nach unten» konstituiert.

Eine Theologie akademischer Abstraktheiten aber, die alles «sub specie aeternitatis» betrachtet, wird nicht nur als eine «Theologie der Macht und Herrschaft» und als eine «Theologie des großen Saubermachens Gottes» (Al Imfeld) empfunden, die bekehrungs- und unterwerfungswillige Gefolgsleute sucht, sondern vor allem als eine Theorie, die die Praxis des realen Lebens der Leute nicht erreicht. Eine kirchliche Lehrveranstaltung aber, die sich über die realen Bedingungen des Lebens keine Rechenschaft gibt bzw. wegen ihres theoretischen Ansatzes dazu auch nicht in der Lage ist, kann nicht Ausdruck des Denkens und der Mentalität des Volkes sein. «Sie ist für alle Teile, für die ganze Welt gut, dient aber im Grunde niemandem, weil sie die konkrete Situation nicht trifft.»[37]

Deshalb geht es bei dem theologischen Denken der Dritten Welt zunächst einmal darum, die Welt und die Menschen selbst zu Wort kommen zu lassen. Wie in den modernen Ge sellschaften soll der Mensch auch in der Kirche zum «schöpferischen Subjekt», zum «Träger der Geschichte» werden, indem er die «Emanzipation aus religiöser Vormundschaft» antritt. Das heißt: Menschen sollen von der Kirche dazu befähigt werden, ihren Glauben zu formulieren, ihren eigenen Lebensstil zu entwickeln, ihre eigene Verantwortung in Fragen und Aufgaben des Lebens zu übernehmen und ihr christliches Engagement in der geschichtlichen Dynamik der Gesellschaft zu überprüfen.[38]

Ein solches Konzept des Christseins in der «Weltlichkeit der Welt» ist aber nur realisierbar, wenn Kirche und Theologie von der Wirklichkeit des Lebens ausgehen und diese zur Sprache bringen. Würde es sich weiterhin um eine universale Theologie handeln, dann würde die bei weitem große Mehrheit der theologisch Ungebildeten weiterhin keine

Stimme in der Kirche haben. Das Schisma zwischen «Spezialisten» und Unwissenden, zwischen Klerus und Laien bliebe bestehen; die Laien hätten weiterhin keine andere Aufgabe als eine «Teilnahmefunktion ... am hierarchischen Apostolat» bzw. eine «Werkzeugfunktion in der Hand der Hierarchie, gleichsam ... als Verlängerung ihres Armes» (Pius XII.). Es würde weiterhin über die Krise der Kirche und des Glaubens gesprochen, ohne überhaupt nach deren Wurzeln und Ursachen zu fragen, die vielleicht weniger in der säkularisierten oder «autonom» gewordenen technischen Welt zu finden sind als vielmehr in den Lebens- und Arbeitsbedingungen der Menschen, das heißt in der radikalen Krise des Mensch- und Christseins.

Die Praxis des Lebens, die von Kardinal Aloisio Lorscheider als eine Situation der im Elend lebenden «Nichtmenschen» beschrieben wird, als den entscheidenden theologischen «Ort» zu erklären, geht nicht auf dem Boden theologischen Fachwissens, sondern nur auf der Ebene menschlicher Erfahrungen. In der Tat zeigt sich, daß jeder Christ, Gebildete und Ungebildete, Junge und Alte, Männer und Frauen ... die «Theologie des Volkes» mitzuschreiben in der Lage sind, weil alle ihre eigenen Lebens- und Glaubenserfahrungen haben, die für den Aufbau der Gemeinde von unverzichtbarer Wichtigkeit sind.

Von einem Gottesverständnis ausgehend, in dem sich Gott als ein Gott der Geschichte erweist, sowohl des persönlichen Lebensweges als auch des geschichtlichen Weges eines Volkes, vermögen Christen das Geheimnis Gottes in ihrem Leben zu ergründen und stets neu zu sagen. Indem sie das normal-menschliche und gemeinschaftliche Leben des Alltags mit all seinen Implikationen zur Sprache bringen, erhält ihr Leben des Glaubens bzw. ihre Beziehung zu Christus einen ganz normalen «Sitz im Leben». Bei persönlichen Fragen und Konflikten, in familiären Sorgen und Nöten, in gesellschaftlichen und politischen Formen der Ungerechtigkeit, des Elends und der Ausbeutung wird nach dem Geist Jesu gefragt, nach seiner Anwesenheit unter suchenden und betenden Menschen und nach der Art, wie er die Probleme der Welt gemeinsam mit den Seinen angehen würde. Mit anderen Worten: Im Blick auf Christus, den Bruder und Befreier aller Menschen und die letzte Instanz zur Deutung der Rätsel des Lebens, wird nicht so sehr nach einer abstrakt-dogmatischen Wahrheit gefragt als vielmehr nach der personalen Wahrheit, die Christus selbst ist und ohne den es kein Licht und kein Leben gibt. Dabei erwachsen die Heilswahrheiten der Schrift aus gedeuteten Vorgängen und Ereignissen; nicht aus der einsamen Reflexion von Menschen.

Im Blick auf «Christus als Wahrheit in Person» (Böld) und im Sprechen des Volkes über sich selbst wachsen christliche Tugenden und Verhaltensweisen, die es vorher nicht gegeben hat: Die Gläubigen sind nicht mehr stumme Zuhörer und Konsumenten religiöser Wahrheiten, die ihnen vom Klerus vermittelt werden; sie fühlen sich nicht mehr als Vollstrecker klerikaler Willensäußerungen; sie werden sich ihrer eigenen Situation bewußt und gebärden sich als mündige, frei sich engagierende Christen. Indem sie im Zusammenspiel mit Priestern und Bischöfen zu Verkündern des Evangeliums, zu Trägern und Inspiratoren des Volkes Gottes werden, wachsen der Geist der Liebe, Solidarität und Brüderlichkeit; der Geist der Gewaltlosigkeit; der Geist der Gerechtigkeit und Freiheit im Kampf um demokratische Rechte und im Widerstand gegen alles, was der Würde des Menschen zuwiderläuft. Im Sprechen miteinander, bei dem auch der Ungebildete und Analphabet nicht ausgeschlossen bleiben, entsteht eine «Kirche von unten», eine Kirche der koinonia und diakonia, die für die Armen und mit den Armen gegen die Armut und die Strukturen der Sünde kämpft und unnachgiebig für die Menschen eintritt, die ohne Rechte sind. In der Perspektive der Umgestaltung der sozialen Wirklichkeit entwickelt sich eine neue Präsenz der Kirche: Es ist eine prophetische Präsenz, eine der Armut und eine der Revision des gesamten kirchlichen Lebensstils. Mit dem Ziel der «revision de vie» und des Sich-Mut-Machens in einer verzweifelten Lage kommen die Christen als Christen zusammen «mit dem alleinigen Zweck, ihren Glauben gemeinsam zu erleben und zu feiern und um im Lichte des Wortes Gottes ihre politischen und sonstigen Optionen zu prüfen, die freilich unterschiedlich und sogar entgegengesetzt sein können»[39].

Wo Menschen betend ihr ganzes Leben zur Sprache bringen, vor allem jene Momente und Ereignisse, die sie besonders betroffen machen, da entwickelt sich eine Erkenntnisweise, in welcher der Gegenstand der Erkenntnis nicht mehr eigens zu erschließen und zu beweisen ist. Erfahrung ist nicht das Ergebnis mühsamer rationaler Reflexion und Deduktion, sondern meint in irgendeiner Weise unmittelbares, direkt gegebenes, konkretes Erleben. Erfahrungen machen Menschen immer im praktischen Umgang mit der Wirklichkeit.

Weil Situationen wie Todesahnungen, Ausgebeutet- und Ausgenutztwerden, Hoffnungslosigkeiten und Aussichtslosigkeiten betroffen machen, bedeuten sie nicht nur ein passives Hinnehmen einer Gegebenheit, sondern schließen ein aktives Element des Reagierens in sich. Indem man sie an sich herankommen läßt, sich ihnen stellt, sie verarbeitet und vertieft, wird etwas für das Leben Bedeutendes entdeckt, werden «Einfälle» geboren, die das Leben in einem neuen Licht erscheinen lassen. Vor allem der Glaube schafft eine solche neue Sicht der Wirklichkeit. Erfahrungen hören auf, dem Glauben fernstehende Elemente zu sein; das Sprechen der Menschen ermöglicht eine neue Beziehung mit Gott und symbolisiert zugleich eine Beziehung zur Welt, die eine bewußte Vermenschlichung begünstigt. Die Sprache des Glaubens wird so «eher Schöpfer der Realität

selbst des Menschen, als Illustration der Objektivität der Welt» (Dewart).
Wo eine christliche Gemeinde als eine Lebens- und Sprachgemeinschaft verstanden wird, da wird sie selbst zur Trägerin der Interpretation des Glaubens und der Offenbarung, weil die christliche Botschaft sinnvolle, dem Erfahrungskontext entsprechende Antworten auf menschliche Fragen gibt. Eine neue, aktualisierende Interpretation der christlichen Botschaft wird möglich; «die Orthopraxie gehört wesentlich mit zum Verifizierungskriterium einer glaubwürdigen Glaubensinterpretation» (Schillebeeckx).
Es ist nicht von ungefähr, daß die Kirche der Dritten Welt ihre «Mentalität» und «Religiosität» in enger geistiger Verwandschaft mit der Bibel entdeckt hat. Auch im Evangelium bringen die Menschen ihr Leben zur Sprache; sie stellen sich radikal Gott gegenüber, mit Leib und Seele, mit ihrer ganzen Geschichte. Und Gott erkennt die Menschen so, wie sie sich geben, um ihnen einen Ausweg aus der Not und Begrenztheit des Lebens zu zeigen. In Exodus 3,7–17 sieht Gott das Elend seines Volkes in Ägypten, er hört ihre Schreie und kennt ihre Schmerzen. Deshalb «steigt er herab», um es aus der Hand der Unterdrücker zu *befreien* und hinaufzuführen in ein schönes, weiträumiges Land. Lukas 4,16–21 berichtet darüber, wie Jesus seine Sendung versteht: Armen das Evangelium zu verkünden, Gefangenen Befreiung, Blinden das Augenlicht, den Gequälten die Entlassung in die Freiheit anzusagen und ein Gnadenjahr des Herrn auszurufen ... Jesus selbst in der Stunde seines Todes macht die Erfahrung unendlicher Qual und Not; er verbalisiert seine Lebenssituationen noch in den letzten Augenblicken: «Mich dürstet» (Joh 19,28); «Mein Gott, mein Gott, warum hast du mich verlassen?» (Mt 27,46).
Wo Menschen und christliche Gemeinden vor Gott keine «Schau» abziehen, wo sie nicht wie abstrakte Puppen, wie ausgeliehene künstliche Persönlichkeiten, wie Gespenster

ihrer selbst auftreten, sondern ihre wahre Situation zur Sprache bringen, da können Menschlichkeit und Christlichkeit gedeihen. Das Gespräch dient der Verarbeitung von Information und der Korrektur von möglicherweise falsch verstandenen oder veränderten Aussagen; Rückfragen werden möglich; die Bedeutung des Gesagten für das Leben kann deutlicher erkannt werden; im unmittelbaren Kontakt mit anderen Menschen wird deren Ringen mit dem Anspruch einer Botschaft erfahren; dadurch wird die Integration dieses Anspruchs ins eigene Bezugssystem ermöglicht; im gemeinsamen Sich-Verstehen und Übereinkommen von Menschen in einer Sache können persönliche Entscheidungen beträchtliche Hilfe und Impulse erfahren; die kritische Distanz der Partner zueinander wird abgebaut und bessere Verständigung ermöglicht; das vertraute Gespräch im Miteinander macht die Sache selbst, um die es geht, persönlicher, lebendiger, farbiger, interessanter; das Moment der Vergewisserung im Kommunikationsprozeß schafft Offenheit; positiv-aufbauende Kritik wird ermöglicht; die Bereitschaft, sich selbst in Frage zu stellen, wächst ...

Dabei werden christliche Gemeinschaften Lerngemeinschaften im Glauben. Denn das menschliche Dasein wird nicht nur zur Quelle menschlicher Sprache, sondern auch eine Modalität christlichen Glaubens. Der Glaube wird ein bewußter und persönlich-verantworteter Glaube; er ermöglicht eine stets erneuerte und erprobte Solidarität unter Gleichgesinnten. Diese bildet auch die Garantie dafür, daß im jeweiligen geschichtlichen Kontext das christliche Anliegen zeitgemäß und modellhaft artikuliert werden kann. Der christliche Glaube steht dabei immer ... in kooperierender wie konfrontierender Korrespondenz zu den Realitäten von Welt und Geschichte.

## 4. Basisgemeinden: das menschliche Antlitz des Glaubens

Wenn man die Frage stellt, was wohl in den Ländern der Dritten Welt am meisten zur Enttäuschung am Christentum und an der Kirche beigetragen hat, so muß zu den bisher angedeuteten Antworten: europäischer Zentralismus und römischer Juridismus, noch eine dritte hinzugefügt werden: das europäische Erbe des Heilsindividualismus.

Als Kronzeuge dieses Erbes möge als Beispiel für andere A. von Harnack angeführt werden, der noch zu Beginn dieses Jahrhunderts das Reich Gottes als etwas «Innerliches» verkündete, welches zur «einzelnen Seele» kommt und sich – im streng individualistischen Sinne – in der Seele des Menschen ereignet. Wo von der sozialen Dimension des Glaubens die Rede ist, da spielt sich die «bessere Gerechtigkeit» in der «rechten Gesinnung des Einzelnen» ab, und Kirche besteht in der geistigen Gemeinschaft der Glaubenden, ist eine «societas in cordibus».

Während von Harnack die Botschaft Jesu vom gütigen Vater-Gott als eine ethische Kategorie bestimmte, übersah er völlig, daß das Kerygma vom Auferstandenen die Mitte der urchristlichen Lehre und Lebens darstellte. Seine «befreiende Vereinfachung», die er vom Evangelium her erstrebte, bestimmt das Reich Gottes als ein Kommen «von oben», welches sich als «innerliches Kommen» erwies und sich als ein «zukünftiges eschatologisches Kommen» anbahnte, indem im Glauben der innere Zusammenschluß des Menschen mit Gott geschah.

Diese individualistischen Denkkategorien sind für die Kirchen, vor allem auch in den sogenannten «Missionsländern», bis in die neueste Zeit weithin bezeichnend geblieben. Auch außerhalb Europas wurden im Zusammenhang mit der Mission, die als Aktion zur «Rettung der Seelen» aufgefaßt wurde, soweit wie möglich Großkirchen errichtet bzw. eingepflanzt, deren anonyme, gut verwaltete, kommu-

nikationslose Großgemeinden so sehr als «normal» und «gottgewollt» angesehen wurden und werden, daß man sich eigentlich nicht darüber zu wundern braucht, wenn von offiziellen Stellen gegenüber neu entstehenden Formen von Kirche und Gemeinde eher von deren «Gefahren» als von wirklichen Chancen für die Kirche gesprochen wird.
Jedenfalls steht fest, daß in den Ländern der Dritten Welt heute eine heftige Reaktion gegen Strukturen einer Betreuungskirche zu verzeichnen ist, die für eine Summe von Individuen eine Fülle von «freien Angeboten» bereithält, aber die Menschen in ihrer Anonymität beläßt. Symbol einer solchen Versorgungskirche war der Missionar, der durch Hausbesuche und Sakramentenspendung in seinen sehr ausgedehnten Missionsstationen total ausgebucht war und zu Fuß, zu Pferd, zu Wasser und zu Lande ständig unterwegs sein mußte, um sein priesterliches Selbstverständnis als «Retter der Seelen» keinen Zusammenbruch erleiden zu sehen. Zur Versorgung der Gemeinden gehörten alle jene Aufgaben und Dienste, die mit der Weihe als «absoluter Ordination» aufgetragen waren: das Taufen der Kinder; die Vorbereitung zur Firmung; die Erstkommunion; das Versammeln der Leute zum sonntäglichen Gottesdienst; Trauungen; Beerdigungen; Besuche bei Kranken und Sterbenden. Vor allem konnte nur der Priester Gemeindeleiter sein; als «Papst und König» seiner Missionsstation erwies er auch seine Kompetenz in vielen anderen Lebensbereichen: als Schuldirektor und erster Erzieher; als Fachmann für den Anbau von Obst und Gemüse; als Plantagenbesitzer und Leiter handwerklicher Betriebe . . .
Was in herkömmlich christlichen Ländern in jüngster Zeit weithin als Krise und kirchlicher Zusammenbruch erlebt und erfahren wurde – der gravierende Priestermangel zwang zur Übergabe von Diensten und Aufgaben an Laien als «Überbrückung» und Notbehelf bis zu dem Tag, an dem es wieder genug Priester gibt –, erwies sich in vielen Län-

dern der Dritten Welt buchstäblich als eine Stunde der Laien und als eine Chance zur Neubesinnung auf das Wesen und die Rolle der Kirche in der Welt. Zur «Dynamik» der jungen Kirchen hat nicht nur die Tatsache beigetragen, daß die Mehrzahl der Christen an Jahren noch sehr jung ist, sondern vor allem auch das Faktum, daß die Kleruslastigkeit nie so groß war wie bei uns. Schon immer gab es in den «Missionsländern» sehr wenige Priester, und die Zahl der Laienhelfer und Katechisten war um ein Vielfaches größer als die der Priester: das Verhältnis war und ist zum Teil 1:150 und mehr. Die aber früher «Werkzeuge waren in der Hand der Hierarchie», entwickelten sich unter gewandelten Verhältnissen als impulsgebende Träger und Gestalter der Geschichte.

Vor allem ihre Rückbesinnung auf die eigene religiöse und sozio-kulturelle Vergangenheit hat den jungen Kirchen mit ihren herkömmlichen «mündlichen Traditionen» in kurzer Zeit nicht nur eine große Sprachmächtigkeit verliehen, sondern vor allem auch eine «Entmassung», das heißt Neustrukturierung, der Kirche ermöglicht, die ganz im Zeichen der Urgemeinden steht und zugleich die Weiterführung eigener sozialer Vorgegebenheiten beabsichtigt. Man könnte sagen: Im Zeichen der «Reform» ist die Kirche dabei, zu «familialen Strukturen» zurückzukehren, in denen «schon immer» das religiöse Denken sowie soziales Verhalten zwei konstitutive Bestandteile des menschlichen Zusammenhalts gewesen sind. Das religiöse Denken als ein konstitutives Element vor-christlichen Gesellschaftslebens ist in den sogenannten Basisgemeinschaften feststellbar. Es scheint, daß sie im christlichen Kontext heute ein Lebenselexier hervorbringen, welches man früher eher Orden zugesprochen hat: Sie stellen Erneuerungsprozesse in der Kirche dar, die sich Weltaufgaben gegenübersehen, zu denen althergebrachte Gruppierungen nicht die Kraft aufbringen.

Insofern sie die Botschaft Jesu nicht primär als einen per-

sönlichen Anruf verstehen, sondern als eine Aufforderung zu einer bestimmten Lebensform der Nachfolge in Gemeinschaft, werden sie Heilszeichen und Heilsantworten auf die Herausforderungen einer konkreten Zeit und Geschichte. Gerade das Annehmen der Botschaft als Gemeinschaftsauftrag macht sie zu einer Art Lebens-, Glaubens- und Dienstgemeinschaft. Man könnte sagen: Das in ihre Lebensmitte hineingestellte Evangelium führt dazu, daß sich Menschen in der Gemeinschaft suchen und finden; umgekehrt macht das Sich-Finden an der Basis lebendiges Evangelium überhaupt erst möglich. Dadurch werden die Basisgemeinschaften Kirche vor Ort; im Sinne L. Boffs wollen sie Kirche an Orten und Stellen entstehen lassen, wo sie bisher noch nicht vorhanden war. Was W. Kasper über die Orden sagt, bekommt auch hier seine Gültigkeit: In ihrer Gesamtstruktur können sie so etwas werden wie eine «zeichenhafte Verdichtung» und «prophetische Verdeutlichung dessen, was Kirche ist» oder was sie sein sollte. Durch ihr Sosein und Dasein nehmen sie die Aufgabe der «Erinnerung» oder eines permanenten Korrektivs im Gesamten der Kirche wahr.
Was nach bisheriger Erfahrung für die Kirche als gefährlich und tödlich angesehen werden muß: ihre Strukturierung und Organisierung von oben nach unten und die Rolle des Priesters als die eines Funktionärs, Verwalters, Bürokraten und «Mannes der Kirche» mit seinen vielen Funktionen und Eigenschaften, wird darum in das genaue Gegenteil gekehrt. In den Basisgemeinden werden Priester, Bischöfe und Papst wieder als Apostel entdeckt, als Propheten und Inspiratoren der Gemeinde der Gläubigen, als «Band der Einheit», welches die Vielfalt der Gaben und Fähigkeiten der Getauften fördert und für das Wohl des Ganzen zur Entfaltung bringt, statt diese der Gemeinde von Gott gegebenen Charismen an sich zu reißen und auf diese Weise das Volk Gottes seiner Gaben zu enteignen.
Die charismatische Kirche im Sinne des hl. Paulus (1 Kor

12–14) tritt nicht an die Stelle der hierarchischen Großkirche, wohl aber wird sie ein notwendiges Korrektiv. Wie eine Gesellschaft nur durch Familien und Lebensgemeinschaften menschlich am Leben erhalten werden kann, so lassen Basisgemeinschaften Geisteshaltungen in der Kirche entstehen, die zu ihrer Humanisierung und konkreten Lebendigkeit unverzichtbar sind. Sie sind wie ein Sauerteig, der die Kirche ständig erneuert und durch die die Institution an evangelischer Lauterkeit, prophetischer Kraft und missionarischer Dynamik nur gewinnen kann – vorausgesetzt allerdings, daß zwischen Kleingruppen und Institution die dialektische Interaktion gelingt in dem Sinne, daß das eine das andere nicht zu vereinnahmen, lahmzulegen oder zu beseitigen sucht.

Zugegeben: das christliche Abendland, seit einigen Jahrhunderten an eine hierarchisch-monarchische Kirchenverfassung gewöhnt, hat vergessen, daß man unter dem Begriff «Kirche» noch etwas anderes verstehen kann als «Klerus» und «Hierarchie». Für Paulus gab es verschiedene Erscheinungsformen von «Kirche»: Kirche war für ihn die Familien- und Hausgemeinschaft Prisquas und Aquilas (Röm 16,3.5; Kol 4,15; 1 Kor 16,19); Kirche gab es im Stadtgebiet von Korinth (1 Kor 1,2; 2 Kor 1,1), in den Provinzen Galatien/Mazedonien (1 Kor 14,34; 2 Kor 8,1; 1 Kor 16,19) und in anderen Regionen des Reiches (Röm 16,23; 16,16; Kol 1,24). Schließlich dachte Paulus auch an die Universalkirche (1 Tim 3,15) als Leib Christi (Eph 1,22) mit dem einen Haupt (Kol 1,18), in der sich viele Einzelglieder und Teilkirchen mit verschiedenen Funktionen und Aufgaben manifestieren und konkretisieren und die als Brüder und Schwestern die Gegenwart des Einen Geistes feiern.

Es würde an dieser Stelle zu weit führen, der Frage nachzugehen, wie im Laufe der Zeit aus der multiformen Kirchenverfassung der ersten Jahrhunderte mit den Patriarchaten Jerusalem, Konstantinopel, Alexandrien, Antiochien und

Rom eine organisatorisch-juridische «Hierarchologie» wurde, in der die eine die dogmatische und politische Herrschaft über die andere gewann und in der alle Macht und Gewalt vom Klerus auszugehen pflegte. Noch Bernhard von Clairvaux im 12. Jahrhundert konnte dem Papst in Erinnerung rufen, daß die Kirche von Rom den anderen Kirchen ein Vorbild sein müsse: «Erinnert Euch vor allem daran, daß die heilige Kirche Roms die Mutter der anderen Kirchen ist und nicht deren Herrscherin, und daß Ihr nicht Herr und Meister über die anderen Bischöfe seid, sondern einer von ihnen.»
Papst Gregor der Große hat es im 7. Jahrhundert dem Patriarchen von Alexandrien verboten, ihn mit «universeller Bischof» anzureden; ärgerlich hat er ihm auf eine solche Titulierung geantwortet: «Ich bitte Eure Heiligkeit, dies in Zukunft nicht mehr zu tun. Ich kann nichts als Ehre für mich selbst annehmen, wenn dadurch meine Brüder (die anderen Bischöfe) die Ehre einbüßen, die ihnen zusteht.»
Eine abendländische Kirche, die im Laufe ihrer Geschichte einen nicht unbedingt christlich zu nennenden Dualismus zwischen Leib und Seele, Materie und Geist, Nächsten- und Gottesliebe, Praxis und Theorie, Natur und Übernatur, Geschichte und Heilsgeschichte ... tradierte; die sich in Papst, Bischöfen und Priestern einen «klerikalen Raum» schuf, der sich dem «weltlichen Raum» der einfachen Gläubigen zuwendet, um ihm Heil zuzusprechen, muß viel umdenken und umlernen, um jenes «ganzheitliche Denken» der Bibel zurückzugewinnen, in dem sich Gott als ein Gott der Geschichte erweist, in dem Gott seinem Volk nahe ist und ihm vorangeht. Was Origines die «autobasileia» nannte, ist Jesus selbst. Er ist «in seiner Person wahrhaft das Reich Gottes. Er, Jesus Christus, ist das Königtum Gottes. In dem Maße, in dem Christus unter den Menschen ist und die Menschen sich in ihn einbeziehen lassen, gewinnt die Herrschaft Gottes an Boden in der Welt; Herrschaft

Gottes ist dann vollendet, wenn Christus ganz da ist und das All erfüllt» (Ratzinger).
In der Praxis der Basisgemeinden geht es eigentlich um nichts anderes als um die Frage, wie Christus unter den Menschen zu sein vermag und wie sich Menschen in der Ganzheitlichkeit ihres Lebens in ihn einbeziehen lassen. Wo Kirche nicht mehr um ihrer selbst willen da ist, sondern sich in den Dienst des Wirkens Gottes in der Welt und Heilsgeschichte stellt, da wird die Welt wieder zu einem Gegenüber Gottes, in dem Gott zu wirken vermag; da kann mit Recht nach den «Zeichen der Zeit» gefragt werden; da verteilt sich die «Macht Christi» auf alle Menschen; da werden Laien plötzlich wieder als Schöpfer ekklesiologischer Werte entdeckt (Ad Gentes 21); da kann Gott auch Gescheiterten und Kindern, Armen und Schwachen, Unter-Menschen und Unter-Privilegierten eine Sprache, Gabe und Fähigkeiten verleihen; da können auch die Frauen in der Kirche wieder eine Chance bekommen – als «Mitkämpferinnen für das Evangelium» (Phil 4,2 f.), als «missionarische Frauen» (Röm 16,3), als «Jüngerinnen», weil es sich bei der Kirche um eine «neue Ordnung» handeln sollte, um eine «alternative Gesellschaft», um die Darstellung des «schon jetzt aufleuchtenden Gottesreiches» (Lohfink).
Pastoraltheologische Entwicklungen in der Dritten Welt und auch sonst in der Kirche machen deutlich: Wo die Botschaft Jesu in ihrer Ganzheit ernstgenommen und zugleich Menschen in ihrer konkreten Situation ernstgenommen werden, da entsteht eine kaum noch gekannte Symbiose von Wort Gottes und sozial-politischen Aktivitäten, zwei Seinsweisen, die dennoch dieselbe geistige Wurzel haben: Erstens das Wort Gottes. Ihm wird absoluter Vorrang eingeräumt. Deshalb werden Perikopen aus der Bibel gelesen, auswendig gelernt und stets wiederholt, auch während des Tages. Bei der religiösen Erziehung sorgen Priester und ausgebildete Katechisten dafür, daß das Wort Gottes ausge-

legt, interpretiert, aktualisiert, in die Praxis umgesetzt und in ethische Konsequenzen umgemünzt werden kann. Im Blick auf die Geschichte der Kirche werden weiterhin positive und negative Erfahrungen herangezogen, die der eigenen Lebensgestaltung nützlich sind. Auf diese Weise soll jede Basisgemeinschaft ihren Glauben finden und leben.
Zweitens die sozial-politischen Aktivitäten. Dabei werden Selbsthilfeprogramme entwickelt und Selbsthilfemaßnahmen ergriffen, wo Brunnen zu bauen sind oder Hütten für Kranke und Arme; wo Gesundheitsdienste und Krankentransporte zu organisieren sind; wo sanitäre Einrichtungen geschaffen werden müssen und eine Verbesserung landwirtschaftlicher Verhältnisse ansteht. Die Selbsthilfe erstreckt sich darüber hinaus aber auch auf die Verteilung von Aufgaben an fähige Gemeindemitglieder, die sich zur Lösung von Konflikten in Ehen, Familien und sonstigen Gruppierungen einschalten; die Katechismusunterricht erteilen; die Katechumenen betreuen; die Kranken und Sterbenden beistehen; die politische Optionen erheben und Umwälzungen im Namen der Menschenrechte und Menschenwürde initiieren.
Unter der Devise: «Jesus Christus mitten im Leben entdekken» entsteht eine Form von *Basiskirche,* die die Menschen zu engagieren und bei Kindern bereits eine christliche Erziehung einzuleiten sucht, die Glauben mit Leben verbindet. Beides läßt sich folgendermaßen zusammenfassen.
1. Es geht zunächst um das Leben-Lernen in kleinen Gemeinschaften – denn die Basisgemeinschaften sind auf die Menschen zugeschnitten –, wo man sich kennt, Beziehungen aufnimmt, miteinander redet. Es handelt sich also um eine «églıse démassifiée», die nicht vom Klerus verordnet wurde, sondern die das Leben, das Milieu, die verschiedenen Gaben und Verantwortlichkeiten der Menschen aufgreift. Im religiösen Erziehungsvorgang spielen Belehrung, Gewöhnung, Führung, Initiation eine große Rolle.

2. Es sind Wahl-Gemeinschaften: Die bisherige Kirche der Sonntagsgottesdienste und Sakramente genügt nicht bei denen, die dabei sind, den Glauben zu verlieren; die sich kirchlichen Autoritäten und Vorschriften nicht (mehr) unterordnen wollen. Die kleinen Gemeinschaften sollen anziehend sein; durch sie soll ein Wandel vollzogen werden «von einer Religion, die verpflichtet, zu einer Religion, die anspricht» (M. Légaut).
3. Es sind Gemeinschaften der Freundschaft, Solidarität und Brüderlichkeit. Ihre «Tugenden» lauten: gegenseitige Hilfe, Gemeinsamkeit in Sorge und Besitz (Apg 2,44); gemeinsames Voranschreiten statt Einzelprofitdenken; Friede (1 Kor 12,12–27), Vergebung (Eph 4,32), Freude (Phil 2,17 f.) und Herzlichkeit im Gruß füreinander (1 Tim 5,23; Röm 16,16).
4. Es sind Gemeinschaften des Glaubens, des Gebetes, der Eucharistie, in denen das Wort Gottes und die Person Jesu im Mittelpunkt stehen und Gemeinschaften schaffen, ebenso das spontane Beten und Sprechen ...
5. Es sind Gemeinschaften, in denen die Verbindung zwischen Leben und Glauben bewahrt wird. Bisher wurde das Leben kaum vom Glauben geprägt und durchdrungen; es gab Kriege, Neid, Eifersucht, Uneinigkeit ..., die das Leben auch der Christen bestimmten, weil äußere Riten und Abläufe als allein «genügend» angeeignet worden waren. Dieser Zustand soll dadurch überwunden werden, daß das Evangelium in gemeinsamem Ringen «Wort des Lebens» wird, und zwar in Lebenslagen, die die Menschen selbst am besten kennen.
6. Es sind Gemeinschaften der «corresponsabilité», in denen die Verschiedenheit der Dienste ins Spiel gebracht wird und nicht nur nach dem eigenen, sondern auch nach dem Charisma der anderen gefragt wird (nach Lochet).
Gewiß: die Überwindung der bisherigen Struktur der Kirche zugunsten einer biblisch orientierten charismatischen

Kirche hat auch ihre Gefahrenseiten. Während das Amt ohne Charisma der dauernden Versuchung unterliegt, ein Machtinstrument zu werden, droht dem Charisma ohne angemessene Institutionalisierung die Gefahr, sich in Schwärmerei, Fanatismus, Subjektivismus bzw. Lokalpatriotismus zu verflüchtigen. Wie die Liebe so «übernatürlich» werden kann, daß für die Natur kein Raum mehr bleibt und daraus eine spröde, unpersönliche, gegenseitige Gefühle der Wärme und Zuneigung ausschließende Nächstenliebe wird, die andere in der Kälte und Anonymität stehen läßt, so kann umgekehrt die Liebe so «natürlich» sein, daß sie ihr Gesicht von der Ewigkeit abwendet. Politik ohne Gebet oder Mystik wird bald grimmig und barbarisch, während umgekehrt Gebet oder Mystik ohne politische Liebe schnell in sentimentale und unverbindliche Innerlichkeit umzukippen drohen.

In den Basisgemeinden mit ihrer politischen Mystik und konkreten Befreiungspraxis wird das Kunststück versucht, das Gleichgewicht zwischen «oben» und «unten» zu halten. Ideales wird entworfen; dennoch wird der Mensch immer wieder mit der Erfahrung konfrontiert, daß er dazu angelegt ist, immer nur «Reales» schaffen zu können: das heißt Zustände und Verhältnisse, die zwar sinnvoll und optimal sein mögen, nie aber absolut und vollkommen sind. Der Einwand jeder Schreibtischtheologie, hier werde der «eschatologische Vorbehalt» ad absurdum geführt, scheitert an dieser schlichten, jedoch ewig wiederkehrenden Erfahrung des Menschen mit seinen eigenen Begrenztheiten.

# Kirche als Ausdruck des Glaubens

Wenn von Ländern der Dritten Welt gesprochen wird, dann tritt seit Jahrhunderten kein theologisches Thema zentraler in den Mittelpunkt der Diskussion als das der «Mission». Tatsächlich sind die christlichen Kirchen außerhalb Europas die Frucht und das Ergebnis der missionarischen Aktivitäten des Abendlandes, vor allem während der Zeit der Entdeckungen und Eroberungen (15.–17. Jh.) und der Kolonisierung (19. und 20. Jh.). Man könnte von daher annehmen, daß die Kirchen Asiens und Afrikas in ihrer Entstehungsgeschichte bereits ein besonderes Gespür für die «missionarische Kraft des Evangeliums» mitbekommen hätten, sozusagen als Erbgut, welches ihnen von den Missionaren in die Wiege gelegt wurde.

Tatsächlich ist aber kein kirchliches Anliegen so sehr ins Kreuzfeuer der Kritik geraten wie das der Mission. Mit Simone Weil und anderen wird es in die Nähe des europäischen Zentralismus und Kolonialismus gerückt, in die Begleitung von Kanonen und Kriegsschiffen, die tatsächlich neben Soldaten und Kaufleuten auch Missionare in ferne Länder transportierten; zweitens war der Gesandte der mehr oder weniger dafür ausgebildete, bevollmächtigte und offiziell ausgesandte (Berufs-)Missionar; und drittens war der Adressat, der Empfänger, das Missions-Objekt, der nichtgläubige Heide in den überseeischen Gebieten, der noch von Leo XIII. (1880) als ein Wesen angesehen wurde, das es aus dem Schmutz der Laster und dem Schatten des Todes herauszuführen galt, um ihm nicht bloß den Besitz des ewigen Lebens zu gewähren, sondern es auch aus dem rohen und ungesitteten Zustand auf die Stufe der Zivilisation und echt menschlichen Bildung emporzuheben.

## 1. Die missionarische Kraft des Evangeliums: wo Kirche ihre vitale Kraft unter Beweis stellt

Die Tatsache, daß sich das Christentum als eine «herrschende Religion» gegenüber «beherrschten Religionen», als eine «herrschende Zivilisation» gegenüber «beherrschten Zivilisationen» (Desroche) präsentierte, hat in der Praxis der Kirche der Dritten Welt vielleicht wie nirgendwo anders zu einer Neubesinnung auf das Evangelium bzw. auf das geführt, was Jesus wirklich gewollt hat. So wurde das vordringlichste Anliegen des Konzils «die Heimholung der Mission in das Herz der Kirche, in die innerste Mitte ihres Seins und ihrer Sendung» (Schütte).

J. Amstutz hat diese Form der Missionsarbeit mit drei markanten Vorstellungen in Verbindung gebracht: Erstens war der Sendende die Kirche Europas, das heißt die bereits als etabliert geltende Kirche des Abendlandes, an deren Spitze, konkret und kanonisch, der Papst der eigentlich Sendende war. Indem Mission wiederentdeckt wurde als eine Sache der Gemeinschaft der Gläubigen, die im gesellschaftlichen Leben verwurzelt ist und zugleich die örtliche Kultur verkörpert, wird nach der eigentlichen Kraft des Evangeliums gefragt. Dabei wird Christus selbst das Modell missionarischen Handelns. Oder anders ausgedrückt: Die Tatsache, daß Jesus keine «Heidenmission» betrieb, weil er eine «grundsätzlich proisraelitische Einstellung» hatte – Ausnahmen sind der Hauptmann von Kapharnaum (Lk 7,1–10; Mt 8,5–13) und die kananäische Frau (Mk 7,1–10; Mt 15,21–28) –, zwingt zum Nachdenken. Jesus hielt sich offensichtlich an das Modell des Alten Testamentes von der «Völkerwallfahrt» bzw. der Erwählung Israels.

Schon an der Lebensgeschichte Abrahams (Gen 12) wird deutlich, daß seine Erwählung nicht Bevorzugung bedeutete, sondern Aussonderung zum Dienst an der Menschheit, weil sie der Rückführung der Völker in den Segen Gottes diente. Auch bei Micha (4,1–14) zeigt sich der Dienst Israels an den Völkern nicht durch missionarische Tätigkeit, sondern am Ende der Zeiten kommen die Völker von selbst, weil Gott in Israel als strahlendes Licht aufgehen wird. Denn die endgültige Überwindung des Bösen und das Auftreten des universalen Messias geschieht durch Gottes Heilswirken selbst.

Der Grundgedanke der «Stellvertretung», das heißt der «Erwählung der Minderheit für die Mehrheit» (O. Cullmann) bzw. des Dienstes der Erwählten für das «Ganze der Heilsgeschichte» (J. Ratzinger), lebte offensichtlich auch da weiter, wo Jesus die Zwölf um sich versammelte – sozusagen als Repräsentanten der zwölf Stämme Israels bzw. der zwölf Söhne Jakobs (Ez 48,30–35). Die Einheit der Zwölf sollte das schon jetzt aufleuchtende Gottesreich sichtbar machen, das heißt die neue Ordnung des Reiches Gottes, die im endzeitlichen Gottesvolk Wirklichkeit wird. Dementsprechend soll Kirche «Zeichen für die Völker» werden, indem sie die «Lebensführung Jesu» (Mt 5–7) übernimmt. Christliche Gemeinden sollen in der ganzen Welt anwachsen; an bestimmten Stellen der Welt soll aufleuchten, was «Reich Gottes» und «Sammlung der Völker» bedeutet; diese kommen wie von selbst, sobald sie an der Faszination der Gottesherrschaft Anteil erhalten (vgl. Mk 1,15; Mt 9,28; Lk 22,28 ff.).

Wenn auch bei Paulus bereits die Entscheidung für die Heidenmission langsam heranreifte, so besaß auch die alte Kirche noch keine Organe für die Mission, noch hat sie besondere Strategien dafür entwickelt. Ihre Mission bestand darin, daß die Zwölf in der ganzen Welt das Evangelium proklamierten und in genügender Anzahl Ortskirchen gründeten. «Damit war die Mission im eigentlichen Sinne abgeschlossen. Die von den Aposteln gegründeten Gemeinden existierten von da an als Zeichen für die Wahrheit. Nun kann sich die heidnische Gesellschaft entscheiden»

(Brox). Die Entscheidung für das Christentum bzw. dessen Zuwachs gelangen in der Folgezeit nicht durch organisatorische Anstrengungen, sondern durch «Präsenz und Auffälligkeit» (Brox).

Wo sich die Kirche in der heutigen Situation sowohl in Europa als auch in anderen Kontinenten nicht mehr auf Konkordate noch auf äußere Mittel der Macht und des Einflusses verlassen kann, obwohl die Absicherung ihrer Autorität durch Herrschaft eine dauernde Versuchung für sie ist, bleibt ihr nur noch die Rückbesinnung auf die «eigentliche Kraft des Evangeliums» (Henry).

Deshalb tauchen in den Basisgemeinden der Dritten Welt urbiblische Bilder und Gleichnisse wieder auf: die Aufforderungen Jesu zu einer Existenzform, die der «Stadt auf dem Berge» gleicht; die «Salz der Erde» zu sein vermag; die wie ein «Sauerteig» in der Welt wirkt und damit die neue Schöpfung vorbereitet; die das geheimnisvolle Kommen des Gottesreiches ahnen läßt (vgl. Mt 5,13f.; 13,33; Lk 17,20). Sie werden auf die Möglichkeiten ihrer Realisierung und konkreten Einlösung hin befragt. Dabei wird nicht in Frage gestellt, daß die Sendung der Kirche immer weit hinter der Sendung Christi im Rückstand bleibt. Das «Schon jetzt» in seiner unverzichtbaren Bedeutung ist auf das «Noch nicht» ausgerichtet und bleibt deshalb, bei allen «Fortschritten», im Dienst des Größeren.

Insofern sind die Basisgemeinden nichts anderes als «Hoffnungsversuche». In ihrer Einheit und «gesammelten Pluralität» von Menschen und Meinungen treffen in ihnen Kirche und Welt, Natur und Gnade zusammen. Indem allein der Mensch Schauplatz des Geschehens ist: seine Grundbefindlichkeiten und Urerlebnisse, seine Hoffnungen und Ängste, seine inneren und äußeren Bedrängnisse . . ., rückt die alltägliche Welt unter einen christlichen Blickwinkel. Während sich dabei der *Glaube* trotz seines Wagnischarakters am Heilswirken Gottes in dieser unserer Welt und Geschichte festzumachen sucht, bezieht die *Hoffnung* die jeweilige Zeit- und Gesellschaftssituation mit ein und versucht, den Menschen im Jetzt des Glaubens für die Zukunft zu dynamisieren. Die Hoffnung ist auf die Aufhebung der Defizite gerichtet, das heißt auf die umfassende Verwirklichung menschlicher Identität und Solidarität. In der Alltäglichkeit der Welt schenkt sie Kraft ohne Überheblichkeit, Mut ohne Übermut, Freude ohne Rausch, Vertrauen ohne Blindheit. Sie erhebt sich in konkreten Lebens- und Grenzsituationen und schützt vor Leichtgläubigkeit, vordergründiger Sattheit, geheuchelter Glätte und kirchlichem Triumphalismus. Auf ihrem Boden erwachsen die Heilswahrheiten: nicht aus der einsamen theoretischen Reflexion des Menschen, sondern aus der Praxis, das heißt aus Vorgängen und Ereignissen der menschlichen Geschichte. Indem sich Glaube und Hoffnung dauernd Rechenschaft geben über die realen Bedingungen des Lebens, wird die Praxis der *Liebe* eigentlich erst möglich, weil sie den Schrei der Armen zu hören und das wahre Suchen der Menschen wahrzunehmen vermag.

## 2. Die conditiones ecclesiae oder: wo Kirche zustande kommt

Bei der Frage, wie, wo und wann Basisgemeinden, das heißt «Kirche», zustande kommt, könnte auf den ersten Blick der Eindruck entstehen, als handle es sich um innerkirchliche Initiativen zu Belebung der Gemeindeabläufe, so wie man eine Frauengemeinschaft gründet, einen Jugendclub oder einen Verein zur Förderung christlichen Brauchtums. Tatsächlich scheinen nicht so sehr innerkirchliche als vielmehr gesellschaftliche und politische Probleme und Nöte den Anstoß zu geben: nicht zu theoretischen Überlegungen hinsichtlich der christlichen Verantwortung in der Welt, sondern zur «befreienden Aktion« als «theologischem Ort», die dazu angetan ist, die Teilnahme von Christen am Prozeß der Veränderung, der Entwicklung, des Umbruchs in ganzheitlicher Sicht zu garantieren, damit das Reich Gottes als Gottesgeschenk kommen kann. Einige Beispiele mögen dies deutlich machen.

Einem alten und gebrechlichen Mann wird auf den Philippinen jede Möglichkeit der Altersversorgung und jede Lebensgrundlage dadurch entzogen, daß Soldaten willkürlich und ohne jeden Anlaß seine beiden Söhne circa 1000 Kilometer weit verschleppen, wo sie in einem Militärlager für einen höheren Offizier Stubendienste verrichten, das Auto putzen und sonstige Arbeiten leisten müssen. Interventionen einiger Dorfbewohner werden abgelehnt oder mit Todesdrohungen beantwortet, falls sie weiter öffentlich darüber reden würden. Einer Ordensschwester, die sich um die Befreiung von unrechtmäßig Inhaftierten kümmert, wird nach Monaten die Möglichkeit der Freilassung eröffnet, falls nachgewiesen werden kann, daß das nötige Geld zur Rückkehr der beiden Söhne mit einem öffentlichen Verkehrsmittel vorhanden sei. Natürlich gibt es das Geld dazu nicht, weil die sehr arme Bevölkerung kaum die notwendigen Naturalien hat, um sich am Leben zu erhalten. Als von außen her finanzielle Hilfe kommt, können die Jugendlichen endlich befreit werden. Zwei Jahre hat die ganze Prozedur gedauert – Anlaß für das Dorf, sich enger zusammenzuschließen, um Willkürmaßnahmen gegenüber besser gewappnet zu sein.

Anderswo plündern Soldaten die Dörfer, rauben den Leuten das letzte Stück Vieh. Keine Regierung hindert sie daran; denn so kann die Unzufriedenheit der mit zu geringem Sold ausbezahlten Söldner einigermaßen in Grenzen gehalten werden. Die eigenmächtige Aufbesserung ihres Gehaltes geht auf Kosten der Ärmsten und Machtlosesten. Jeder aktive oder passive Widerstand, der sich im Dorf regt, kann die Rache von Todesschwadronen nach sich ziehen. Und in vielen Ländern der Dritten Welt ist es an der Tagesordnung, daß Menschen verschleppt werden und nie wiederkehren oder irgendwo tot im Gebüsch aufgefunden werden.

Auf den Philippinen kaufen internationale Großkonzerne riesige Ländereien oder Fischgründe auf, wo sie allein die Fangrechte erhalten oder große Pflanzungen anbauen, deren Erträge auf dem Markt verkauft bzw. meistens als Billigware ins Ausland geschafft werden. Denn nur in den reichen Industrienationen sind die notwendigen Kunden, die die Waren aufkaufen. Nach der armen Bevölkerung, für die die Waren unerschwinglich sind und die ihr Stück Land, Haus und Hof über Nacht an die «Großen» verlieren, fragt niemand. Flüchtlinge und Vertriebene im eigenen Land, bleibt ihnen nur die Wahl der Abwanderung in die Slums der großen Städte, wo das Elend nur noch größer wird, oder sie müssen als «Leibeigene» ihre Arbeitskraft für einen Hungerlohn den neuen «Besitzern» ihrer angestammten Heimat zur Verfügung stellen. Krankheitsfälle, soziale Dringlichkeiten, Kinderreichtum ... zählen im allgemeinen nicht. Trotz mancher «sozialer Gesetze» bleibt deren Handhabung allein den Einflußreichen vorbehalten.

In Brasilien gibt es Tankstellen mit vier Zapfsäulen: Normal, Diesel, Super, Alkohol-Äthanol, ein Treibstoff, der aus Zuckerrohr hergestellt wird. Neun Millionen Hektar sollen für den Anbau von Zuckerrohr bereitgestellt werden, damit der gesamte Treibstoff für alle Autos im Lande sichergestellt werden kann. In den letzten vierzehn Jahren sollen circa 30 Millionen Brasilianer (von 125 Millionen) mit Karabinern und Maschinengewehren aus ihrer Heimat und von ihrem Land vertrieben worden sein; ihre Häuser und Anbaugebiete wurden innerhalb kurzer Zeit zerstört, damit dort Zuckerrohr für den Treibstoff der Autofahrer wachsen kann. Was aus den unzähligen verarmten Familien und hilflosen Kindern, Kranken und Gebrechlichen wurde, darum kümmert sich keine offizielle Statistik. Jedenfalls wurden auf diese Weise für Millionen Menschen Elend und Armut hausgemacht.

Man könnte die Palette der Beispiele noch beliebig verlängern. Tatsache ist, daß viele Länder der Dritten Welt von politischen und wirtschaftlichen Krisen erschüttert werden; sie sind durch Korruption verseucht und von Gewaltanwendung und Terror beherrscht; die Verletzung der Menschenrechte gehört mit zur Tagesordnung der Herrschenden.

Was konnte die Kirche angesichts solcher persönlicher und struktureller Sünden, die tagtäglich auf dem Rücken der Armen begangen werden, tun? Allzulange hat sie sich – verbündet mit den Reichen und Mächtigen – mit Almosen und Werken der Caritas zufriedengegeben und dabei kaum bemerkt, daß sie dabei Strukturen der Ungerechtigkeit zementieren half und die armen Völker in der Kälte der demütigenden Erfahrung stehen ließ, stets nur Empfänger von Wohltaten zu sein und keine sonstigen Rechte zu haben.

Jedenfalls sind es einige Pioniere und «Propheten» gewesen, die im Anschluß an die Kubanische Revolution (1959) und andere unzureichende Lösungsversuche (z. B. Kennedys Allianz für den Fortschritt 1961) die Kernfrage praktisch zu beantworten suchten, wie man Glauben und soziale Gerechtigkeit, Evangelisierung und Befreiung verbinden kann. Sie haben sich dabei in die Reihen der Opposition gegen die etablierten Unterdrücker gestellt und sich den Schimpfnamen «Kommunisten» eingehandelt. Zu dieser Art von «Kommunisten» gehörten und gehören Papst Paul VI., die Kardinäle Cardijn, Lorscheider, Arns, Erzbischof Helder Câmara, die Theologen Leonardo und Clodovis Boff und viele andere.

Dabei haben sie auf ihre Weise nichts anderes getan als jener unbekannte brasilianische Priester, der nach einer dreijährigen Hungerkatastrophe verhindern wollte, daß sich eine ganze Stadt mit Gewalt und Terror gegen eine ausgehungerte Bevölkerung erhob, die vor der Dürre in die Stadt geflohen war. Natürlich fürchtete die etablierte Stadtbevölkerung um ihr Geld und um die Folgen, die eintreten würden, wenn die verarmte Masse ihr Lebensrecht einfordern würde. Deshalb griff sie zu einem Mittel, welches in einem katholischen Land bisher immer gezogen hatte: Sie verdächtigten die Flüchtlinge des Kommunismus. Aber diesmal machte der Pfarrer nicht mehr mit. Als «Gegenaktion» gegen die Stadtbevölkerung begann er ein öffentliches Fasten. Bald schlossen sich ihm 500 Christen an. Die Kirche wurde für die Hungernden geöffnet: diese erhielten ein Obdach, Kleidung und Nahrung. Im Laufe der Zeit schlossen sich immer mehr Leute der Aktion an: Die Gewissen und Herzen der Menschen öffneten sich; die Waffen verschwanden; die Christen verfaßten einen Bericht an Regierende und Kirchenfürsten über die wahren Gründe der Hungerkatastrophe und forderten solidarisch den Ausbau einer Infrastruktur, die zum Leben und Überleben vieler Menschen unaufschiebbar war.

Aus solchen und ähnlichen Beispielen läßt sich leicht die Frage beantworten, wie und wann «Kirche» entsteht. Dort, wo Menschen in einer befreienden Aktion, im Namen des Evangeliums, ihren Glauben in die lebendige Bewährung stellen. Das Entstehen der Basisgemeinden ist also die Konsequenz des Evangeliums und zugleich die Konsequenz einer aus dem Evangelium hervorgerufenen Vision vom Menschen, der in seinem persönlichen, sozialen und gesellschaftlichen Leben der «Evangelisierung» bedarf, das heißt der Aneignung einer Lebens- und Verhaltensweise, die vom Geist Jesu inspiriert ist. Wo der Glaube wirklich gelebt werden soll, da geht es darum, die ganze Wirklichkeit des Menschen im Lichte des Evangeliums zu sehen, damit dieses Licht zum Leben der Völker wird.

Basisgemeinden entstehen also überall dort, wo das Ganze

des christlichen Glaubens von der Situation der Menschen her neu durchdacht und gelebt wird; wo Glaube und Offenbarung nicht als Quellen des Wissens aufgefaßt werden, die dem Leben und der Praxis vorausgehen, sondern als Quellen, die die Wirklichkeit erhellen und dabei selbst durch die Realität erhellt werden. Indem die Kirche in ihrer Hinwendung zum Menschen die Wirklichkeit konkret reflektiert und aktualisiert, wird sie zum Zeichen des Heils und verweist zugleich auf die Verwirklichung des Reiches Gottes.
Was in den Basisgemeinden in besonderer Weise «revolutionär» ist, zeigt sich in der Tatsache, daß hier die offizielle Amtskirche mit ihren Spezialisten verschiedenster Fachgebiete oder auch offizielle staatliche Stellen nicht mehr ihren alleinigen Anspruch erheben können, Problemlösungskompetenz für die Leute und für das Volk zu haben. Wohl hat sich die Kirche seit Medellin und Puebla eine Kompetenz der Betroffenheit zu eigen gemacht für alles, was ungerecht, unsozial, menschenfeindlich ist. Dennoch denkt sie nicht daran, in allen möglichen Belangen der Leute zu intervenieren. In der konsequenten Handhabung des Prinzips der *Subsidiarität* leistet sie ihren Dienst am Menschen dadurch, daß sie die Moral, das Gewissen und das Bewußtsein besonders auch der einfachen Leute stärkt. Leitmotiv ist dabei nicht das unmittelbar Religiöse oder die Verteidigung der Rechte der Kirche gegen staatliche Übergriffe oder gegenüber der Welt, sondern eine gerechtere und demokratischere Gesellschaft oder besser gesagt: eine von christlichen Prinzipien inspirierte Gesellschaft, in der auch günstige Bedingungen für die Aktion der Kirche in der Welt geschaffen werden.
In der Art und Weise, wie Kirche arbeitet, steckt die Erfahrung, daß die Fülle und Konkretheit der Lebenserfahrungen und Lebenssituationen pastoral nicht durch eine auf die *allgemeine Wesensnatur* des Menschen bezogene Argumentation erreicht werden kann. Deshalb werden Menschen

konsequent dazu erzogen, selbst eine «Revision» ihres Lebens vorzunehmen, und zwar im Dreischritt *sehen – urteilen – handeln.*

Die eigene Situation mit offenen Augen sehen, ist der erste Schritt. Dabei werden möglichst viele Menschen in derselben Situation in den Reflexionsprozeß miteinbezogen, auch Andersdenkende, kirchlich Distanzierte oder Angehörige anderer Religionen und Konfessionen. Daß dabei eine andere Art von «Ökumene» entsteht, sei nur nebenbei erwähnt: jedenfalls nicht eine durch innerkirchliche Dispute gekennzeichnete, sondern eine «vor allem aus dem Verstehen des Wortes Gottes, das als Gericht und Gnade in der Geschichte des einzelnen wie der Gesellschaft und der Völker wirksam ist. In diesem Sinne müßten sich alle Christen befreien ... und gemeinsam in einer neuen Gesellschaft und einer neuen Kirche leben, lieben und feiern» (Camps).

Der zweite Schritt besteht in der christlich orientierten Beurteilung der Lage, also in der richtigen Interpretation vom Evangelium her. Daß es dazu eines sozialwissenschaftlich-analytischen Instrumentariums bedarf, um die historische Wirklichkeit zu erforschen, ist eindeutig. Aber gerade dieser Umstand hat die Theologie der Befreiung oder bestimmte Tendenzen in ihr in die Nähe der marxistischen Gesellschaftsanalyse gerückt und deshalb suspekt gemacht. Ohne näher darauf einzugehen, sei hier nur vermerkt, daß eine geschichtlich lebendig gewordene Theologie wohl immer der theologischen Vertiefung, der Korrektur von Fehlentwicklungen, der eindeutigeren Kriterien des Christlichen für das Handeln bedarf. Das gehört mit zu ihrer Geschichtlichkeit. Andererseits wird zu wenig beachtet, daß in der Dritten Welt Worte wie Sozialismus und Marxismus weithin nicht in einem marxistisch-dogmatischen Sinne gebraucht werden, sondern sie stehen als Leitbild für eine gerechtere Gesellschaft, für einen «dritten Weg», der sich von dem kommunistischer Zwangsherrschaften wesentlich unterscheidet. «Bis heute begreifen viele ... den Unterschied dieser Auffassung von der Marxschen nicht und lehnen sie daher als unvermeidlich marxistisch ab, bringen es nicht über sich, den Sachverhalt zur Kenntnis zu nehmen und unvoreingenommen zu prüfen» (Nell-Breuning).

Der entscheidende Unterschied zeigt sich auch im dritten Schritt, der das Handeln aus dem Glauben und nach dem Vorbild des historischen Jesus vorsieht. Bei der «kritischen Reflexion des geschichtlichen Handelns im Lichte des Wortes Gottes» (Zwiefelhofer) werden Menschen zur Methode des Betens und Feierns mitten in ihrer sozialen Wirklichkeit angeleitet. Dabei fassen sie Mut; das Selbstbewußtsein in Glauben und Handeln wächst und bringt eine weiterführende Solidarisierung mit sich. Indem dem Atheismus und Materialismus nicht nur nicht Tür und Tor geöffnet werden, sondern im Gegenteil versucht wird, beides aus der Sicht eines christlichen Weltauftrags «in den Griff zu bekommen», bleibt wohl aufs Ganze gesehen wahr, was Kardinal Arns schreibt: «Alles, was von Marxismus spricht, ist sehr viel Gerede, und es steckt sehr wenig dahinter.»

Zusammenfassend könnte man sagen: Kirche kommt überall dort zustande, wo im frühmittelalterlichen Sinne die Frage nach den «conditiones ecclesiae» (Vorbedingungen für Kirche) hinreichend beantwortet wird. Kirche ist mehr als «Hierarchie» und «Klerus». Im Sinne des Neuen Testamentes ist Kirche überall dort, wo sie ein Spiegelbild oder eine Repräsentanz des Wirkens Gottes in der Menschheitsgeschichte darstellt: wo im Namen Christi das ganze Volk wirklich zum Zuge kommt; wo die Armen und Schwachen, die Sünder und «verlorenen Schafe» ein Lebensrecht bekommen; wo die Entrechteten und Ausgebeuteten eine Stimme und Sprache erhalten; wo entsprechend den Talenten und Charismen eine koinonia (Gemeinschaft) der Macht und Mitsprache geschieht; wo Laien und Klerus ge-

meinsam den Auftrag Christi als Dienst an der Welt und mit der Welt erfüllen; wo bei aller Verschiedenheit und Vielfältigkeit der Gaben und Hingabe die Einheit und Gemeinschaft mit der großen Kirche gesucht und aktualisiert wird; wo in der Hoffnung auf das «Noch nicht» dennoch bereits die Konturen des «Schon jetzt» des Reiches Gottes erfahrbar gemacht werden.
In der Perspektive einer vergleichenden Theologie dürfte eines sicher sein: Wo eine Kirche sich nicht genügend auf gesellschaftliche Prozesse einläßt; wo sie konkrete Menschen nicht genügend als «Subjekte» integriert; wo sie zu sehr um ihre eigenen Rechte, Privilegien und traditionelle Konventionen kämpft, da verarmt ihre Sprache und verödet ihr Leben; da werden Gesten und Symbole kultur- und geschichtslos; da bleibt sie der Vergangenheit verhaftet. An den Basisgemeinden zeigt sich das offenbar unumstößliche Gesetz, wie es Kierkegaard formuliert hat: daß wir nur nach vorwärts zu leben und nach rückwärts zu verstehen vermögen.

## 3. Die wesentlichen Mängel der abendländischen Kirche

Der philippinische Bischof Labayen, während einer Tagung in Eichstätt 1982 nach den eigentlichen Mängeln der Kirche befragt, hat auf die Erfolglosigkeit der Kirche in Asien in früheren Jahrhunderten hingewiesen. Die Kirche sei – wie übrigens auch viele Regierungen – deshalb so wenig erfolgreich gewesen, weil sie zentralistisch strukturiert «von oben nach unten» ihre Gedanken und Weisungen weitergegeben und ihre Planungen durchgeführt habe. Das Volk sei weder im Staat noch in der Kirche an Entscheidungs- und Willensprozessen beteiligt gewesen; deshalb habe es nicht nur in Lethargie und Passivität verharrt, sondern viele Lebensbereiche seien aus christlicher Sicht nicht aufgearbeitet worden; sie seien mit dem Evangelium überhaupt nicht in Berührung gekommen. Deshalb seien Besonderheiten der Völker, die zentral zu deren Lebensvollzügen gehörten, nicht in die Kirche integriert. Das Christentum sei dabei im Oberflächlichen steckengeblieben; es habe die Seele der Völker nicht zu durchdringen vermocht. Das Evangelium, in der Welt und für die Welt als Sauerteig gedacht, sei dies in vielen Lebensbereichen nicht einmal für die Getauften geworden . . . (siehe auch den Beitrag des Bischofs in diesem Buch).

Ein Bild drängt sich bei solchen Gedanken, die einer «Bestandsaufnahme» sehr nahekommen, auf. Es stammt von M. Gandhi. Dieser soll eines Tages einen Stein aus den Wassern des Ganges genommen haben, um daran zu erläutern: So sind die Christen – wie der Stein im Wasser des Ganges. Vom Licht des Evangeliums umflutet und vom Wasser des Wortes Gottes umströmt, sind sie nur an der Oberfläche davon angefeuchtet. Aber nichts ist ins Innere eingedrungen. Deshalb sind sie in ihren Verhaltensweisen, in ihrem alltäglichen Reden und Tun wie die Heiden. Nichts unterscheidet sie von den übrigen Menschen.

Ich möchte diese asiatischen Gedanken zum Anlaß nehmen, in der Formulierung von *zwei Thesen* die Frage nach den wesentlichen Mängeln der abendländischen Kirche zu beantworten. Diese Thesen sind Anlaß zum Nachdenken darüber, daß die Kirche Welt-Kirche geworden ist und von den früheren «Missionsländern» möglicherweise Impulse ausgehen, die eine Anfrage sind an unser gesamtes abendländisches Glaubens- und Kirchenverständnis.

*These eins:* Einer der entscheidenden Mängel der abendländischen Kirche ist darin zu sehen, daß der Prozeß der *Evangelisierung* weithin nicht gelungen ist oder nicht mehr gelingt. Die Tatsache, daß das Anliegen der Missionierung jahrhundertelang im Blick auf die Heiden und Nichtchristen außerhalb des christlichen Abendlandes vertreten und aufgegriffen wurde, nicht aber im Blick auf das schon christlich gewordene Europa, hat im Laufe der Neuzeit – mit dem Aufsteigen einer neuen Kultur und Zivilisation – zum «Mißerfolg» der Kirche geführt insofern, als es ihr nicht gelang, den Gott des Alten und des Neuen Testamentes als einen Begleiter der menschlichen Lebenswege und Lebensgeschichte zu künden. Die Verkündigung des Gottes der Kleriker, der Spezialisten und Schreibtischtheologen mit ihrer eigenen Sprache und Problemformulierung hat schließlich das Unverständnis der Massen gegenüber Christentum und Kirche hervorgerufen; sie hat die Massenbewegung heraus aus der Kirche begünstigt, wenn nicht sogar entscheidend mitbestimmt.

Grob gesprochen kann man sagen, daß in Europa der Prozeß der Christianisierung um das Jahr 1000 abgeschlossen wurde. Aber schon seit Konstantin strömten die Massen in die Kirche. Die Bekehrung zum christlichen Glauben als «Staatsreligion» geschah durchaus nicht immer aus Überzeugung, sondern das Christentum brachte konkrete Vorteile. Nur als Christ konnte man öffentliche Ämter bekleiden, Karriere im Staat machen und überhaupt die vollen Bürger- und Menschenrechte genießen. Die Taufe als Sakrament der Eingliederung in die Kirche war zugleich auch der Personalausweis im Staat. Das soll nicht heißen, die Menschen nach der konstantinischen Wende hätten sich nur aus äußerlichen Gründen zu Christus bekehrt; aber immerhin war die Bekehrung leicht gemacht. Schon um 450 schrieb Salvian von Marseille, indem er die «zweite Bekehrung der Christen» forderte: «Die Kirche ist zwar reich geworden an Mitgliedern, aber arm an Glauben und Frömmigkeit; verkümmert im Geist.»

Für die Kirche stellten sich im Zeitalter der Massenbekehrungen Probleme eigener Art. Es ging darum, die Kirche zu organisieren und zu strukturieren, damit die Menschen sakramental versorgt und effektiv in der Lehre unterwiesen werden konnten. Es entstand das, was P. E. Schramm die «imitatio imperii» durch die Kirche genannt hat, das heißt, die Kirche entwickelte sich nach staatlichem Vorbild: Sie wurde eine monarchische Kirche mit einem immer zentraler gesteuerten Macht- und Organisationsapparat. Dieser Prozeß war mit dem verbunden, was landläufig mit den Begriffen «Klerikalisierung» und «Entlaisierung» der Kirche umschrieben wird, das heißt, der Klerus zog alle Macht und allen Einfluß an sich, was selbstverständlich theologisch begründbar war und auch begründet wurde, während den Laien immer weniger ein Einfluß- und Mitspracherecht zuerkannt wurde. Die Volks-Kirche hörte auf, «Volk Gottes» zu sein.

Man kann sich diesen ungeheuren Vorgang nur anhand einiger Zitate vor Augen führen. Clemens von Rom († ca. 101) schreibt, daß die Presbyter von den Aposteln «mit der Billigung der gesamten Gemeinde» eingesetzt werden sollen. In der Kirchenordnung von 215 heißt es, daß der Bischof vom ganzen Volk gewählt werde. Für Cyprian († 258) ist eine Wahl ohne die Befragung des Volkes unrechtmäßig (illegitim). Die apostolischen Konstitutionen (4. Jh.) schreiben vor, daß «zum Bischof ein völlig Tadelloser geweiht werde, der vom ganzen Volk gewählt ist». Während von Papst Leo IX. (1049) noch bestätigt wurde, daß «niemand in leitende Ämter ... in der Kirche eingesetzt werden soll, der nicht vom Klerus und vom Volk gewählt ist», erscheint im Grazian-Edikt des Jahres 1140 schon eine andere Nuance: «Die Wahl steht dem Klerus zu, dem Volk die Zustimmung.» 800 Jahre später (1917) heißt es dann im Kodex des Kirchenrechtes: «Der römische Pontifex (Papst) ernennt frei die Bischöfe», und im neuen Kodex von 1983 steht geschrieben (Kanon 317): «Der Papst ernennt frei die Bischöfe oder bestätigt diejenigen, die rechtmäßig gewählt wurden.» Jedoch ist es in der Vorwahlphase, «wenn es für nötig gehalten wird», erlaubt, «individuell und im geheimen» auch «an Weisheit herausragende Laien» zu konsultieren (Kanon 377,3).

Der Prozeß der kirchlichen Entmündigung der Laien im Laufe der Jahrhunderte, verbunden mit der Unmöglichkeit für das Volk, sich selbst, seine eigene Lebenswelt und Lebensgeschichte in die Kirche einzubringen, scheint also kirchengeschichtlich viel mit monarchisch-absolutistischen Staatsverfassungen zu tun zu haben und wenig mit dem Evangelium und den Weisungen Jesu.

Die Entwicklung der letzten 20 Jahre hat gezeigt, daß die Menschen anderer Kontinente ein ihnen eigenes «Nein zur Kirche» vertreten, um aus dem «Ja zu Jesus» heraus ein neues schöpferisches Ja-Verhältnis zur Kirche zu entdecken. Sie haben gezeigt, daß sie aus den Kräften ihrer eigenen Herkunftsgeschichte heraus in der Lage sind, aus der ihnen auferlegten kirchlichen Resignation und Passivität auszubrechen, um eigene Verantwortung zu übernehmen. Sie haben Kirche wieder als «Volk Gottes» entdeckt, ohne daß Hierarchie und Klerus um ihren Einfluß zu bangen bräuchten.[40] Aber in einer Kirche der vielen Gaben und Aufgaben werden an den Klerus andere Anforderungen gestellt als herkömmlich. Wird die abendländische Kirche aus den Erfahrungen lernen, oder wird sie ein neues Schisma hervorbringen – diesmal mit den Kirchen der Dritten Welt?

Meine These läuft darauf hinaus, daß sie aus diesen Erfahrungen lernen muß, wenn es überhaupt eine Zukunft für sie in Europa geben soll. Denn das Schisma mit der abendländischen Kultur und ihren Menschen ist bereits in bedrohliche Nähe gerückt, wenn nicht sogar teilweise Wirklichkeit geworden. Nicht nur die außerkirchlichen Sekten und religiösen Bewegungen sind alarmierende Zeichen; das Auswandern der Arbeiterschaft, der Jugend und der Frauen aus der Kirche hat von seiner bedrohlichen Entwicklung

seit dem 19. Jahrhundert nichts eingebüßt; hinzu kommen wachsende Spannungen in der Kirche selbst, wobei sich die Konturen der inneren Emigration aus der Kirche, vor allem einer intellektuellen kritischen Mehrheit abzeichnen ...
Infolge der Demokratisierung der Gesellschaften ist nicht nur eine «neue Art von Menschen» entstanden, sondern auch eine «neue Art von Christen», die sich auf eine ihnen eigene Weise Rechenschaft geben über ihren Glauben. In einem viel größeren Umfang, als es die offizielle Kirche wahrnimmt oder wahrnehmen will, haben sich auch kirchlich engagierte und praktizierende Christen aus der «klerikalen Vormundschaft» befreit. Das zeigt sich daran, daß offizielle Verlautbarungen und Entscheidungen der Kirche überhaupt nicht mehr wahrgenommen werden – bei allen Sympathiekundgebungen und Massenveranstaltungen für Papst und Kirche. Ob es um die Gestaltung des persönlichen und familiären Lebens geht, um Sexualität und Pillenfrage, um die christliche Partei, um Entwicklung und Unterentwicklung, um Frieden und Ökologie, um Fragen der Religionsverschiedenheit und Ökumene – es gibt viele Lebensbereiche, wo Christen längst angefangen haben, ihren eigenen Weg des Christseins zu beschreiten und in denen die Hierarchie Gefahr läuft, Hirte zu sein ohne Herde, Führer ohne Geführte, Geweihte ohne Kirchenvolk, kurz: ohnmächtige Inhaber kirchlicher Ämter und Positionen, die zwar noch äußerlich zu agieren, aber innerlich nicht mehr zu beeinflussen vermögen.
Solche rapide vor sich gehenden Prozesse mögen kirchlich bedauerlich sein; aber sie zeigen auch, daß der Auftrag zur Evangelisierung von oben nach unten nicht mehr gelingen kann. Heute käme es wesentlich darauf an, die Gewissen zu stärken, ihnen Hilfen und Kriterien zu geben für christliche Lebensorientierung in der Welt. Die offizielle Kirche muß aus ihrer belehrenden Rolle heraus und *lebensbegleitende Aufgaben* übernehmen. Das geht aber nur,

wenn das Ganze des Volkes wieder an Lern- und Entscheidungsprozessen beteiligt wird, wenn gemeinsam Fragen studiert und diskutiert werden können, wenn Meinungen darüber gesammelt und geäußert werden und Lösungen gefunden werden, die je nach Situation und Lebenslage möglicherweise auch eine Vielfalt christlicher Lebenshaltungen eröffnet.

Die nachkonziliare Zeit hat deutlich gemacht, daß ein solches Vorgehen zu Spannungen und teilweise harten Auseinandersetzungen führt. Deshalb schwebt vielen eine Kirche und Gemeinde vor, in denen auf dem Mutterboden einer verabreichten Harmonie und Uniformität Friedhofsstille herrscht. Kirche müßte es dagegen fertigbringen, Gemeinschaften mit einer Vielfalt von Aufgaben und Lebensäußerungen zu schaffen, wo Liebe und Brüderlichkeit gerade deshalb gedeihen, weil mitten in der spannungsreichen Vielfalt immer wieder Versöhnung geschieht. Es würde zugleich die Menschen für das Leben in der Welt befähigen.

*These zwei:* Wenn wir davon ausgehen, daß im Verlauf der Neuzeit gesellschaftliche und geschichtliche Umwälzungen großen Ausmaßes stattgefunden haben, dann muß es als entscheidender Mangel der abendländischen Kirche angesehen werden, daß der Prozeß der *Inkulturation* nicht gelungen ist. Die Kirche, auf das Aufrechterhalten und Funktionieren ihrer eigenen Strukturen bedacht, hat den Wandel kaum oder gar nicht oder zu spät wahrgenommen. Sie hat deshalb den verhängnisvollen Bruch zwischen Evangelium und Kultur mit heraufbeschworen, den Papst Paul VI. als das eigentliche «Drama unserer Zeit» bezeichnet hat.

Meines Wissens spricht das Zweite Vatikanische Konzil, sich dieses Dramas bewußt, in seinen Dokumenten und Verlautbarungen 87mal von der «Kultur»; 35mal wird das Adjektiv «culturalis» gebraucht. In der Pastoralkonstitution «Die Kirche in der Welt von heute» wird unter der Wesensbestimmung «Kultur» all das zusammengefaßt, was «durch die entfaltende Pflege der Güter und Werte der Natur zur wahren und vollen Verwirklichung des menschlichen Wesens» führt. Unter Kultur im allgemeinen wird all das verstanden, «wodurch der Mensch seine vielfältigen geistigen und körperlichen Anlagen ausbildet und entfaltet; wodurch er sich die ganze Welt in Erkenntnis und Arbeit zu unterwerfen sucht; wodurch er das gesellschaftliche Leben in der Familie und in der ganzen bürgerlichen Gesellschaft im moralischen und institutionellen Fortschritt menschlicher gestaltet; wodurch er endlich seine großen geistigen Erfahrungen und Strebungen im Laufe der Zeit in seinen Werken vergegenständlicht, mitteilt und ihnen Dauer verleiht – zum Segen vieler, ja der ganzen Menschheit» (Nr. 53).

Die Gründe, warum die Kirche im Laufe der Jahrhunderte die kulturelle, das heißt die geschichtliche, gesellschaftliche, völkische Seite ihrer Sendung aus den Augen verlor, mögen vielfältig sein. Missionsgeschichtlich mögen sie in dem immobilen, nicht mehr veränderbaren und nicht mehr veränderungsbedürftigen Verständnis von Kirche als einer «societas perfecta» (perfekten Gesellschaft) ihre Wurzeln haben. Denn diese Theorie führte in der Praxis dazu, daß die Kirche ihre Tätigkeit nicht auf die Grenzen der Welt hin auszuweiten suchte, sondern umgekehrt: Sie versuchte, die Grenzen der Welt auf ihre eigene Verfassung und Konstitution hin zu orientieren. Der damit verbundene Welt- und Realitätsverlust kirchlichen Lebens führte im letzten nicht nur zu einer kulturellen und religiösen, sondern auch zu einer christlich-spirituellen Verarmung, zur «tödlichen Gefahr» (Seeber) für die Kirche.

Verglichen mit den jungen Kirchen in der Dritten Welt liegt der eigentliche Mangel der abendländischen Kirche vielleicht in dem, was der Schriftsteller Paul Konrad Kurz von den Christen allgemein vermutet. Indem er davon spricht, daß es die Christen «schwerer» hätten als andere Menschen, ihre eigenen Lebensfragen zu formulieren, fragt er: «Haben es Christen schwerer, sich ihren wirklichen Erfahrungen auszuliefern, weil sie sprachlich zu früh pastoral gefüttert, zu spät verunsichert und noch später wach werden? Verhindert eine zu frühe oder schnelle Spiritualisierung die Sensibilisierung der Sinne, das Ernstnehmen der Leiblichkeit? Haben es Christen, wenn sie literarisch sprechen, schwerer als Menschen, denen keine Credo-Formel in den Eingeweiden rumort? Sind Christen weniger begabt, Erfahrungen zu beschreiben? Oder getrauen sie sich weniger, weil sie ehrbar, als Vorbild erscheinen, auf die tradierte Lehre bedacht sein müssen?»

Wo sich Glaubende statt «vorschneller Tröstung» (Kurz) auf die Realität des Menschen und der Welt einzulassen bereit sind, da werden große seelische Energien gebraucht und schließlich auch mobilisiert. Da vermögen Kirche und Glaube wieder «schöpferische Kräfte», «Träger und Gestalter der Geschichte» zu werden. Jedenfalls ist «das Wort vom Heiligen Geist ... die Antwort auf die Frage nach dem ‹neuen Menschen›, d. h. auf die Frage, wie unter den währenden alten Verhältnissen, die ständig den alten Menschen reproduzieren, ein neuer Mensch entstehen kann, der allein neue Verhältnisse so schaffen kann, daß diese nicht sofort durch den alten Menschen wieder verdorben werden» (Gollwitzer).

# Zur Praxis der Befreiung

## Die Probleme der Dritten Welt werden auch unsere sein

Von Paul M. Zulehner

Die Auseinandersetzung um die Theorien der Befreiung dauert nun schon eine geraume Zeit. Sie wird zwischen den kirchlichen Glaubensbehörden und Befreiungstheologen geführt. Es wäre aber irrig anzunehmen, es ginge bei dieser Auseinandersetzung lediglich um eine theologische Modeströmung, um ihre Bewertung oder ihre Verurteilung. Vielmehr steht nicht eine modische Theologie, sondern die Praxis weiter Teile unserer katholischen Weltkirche und die dieser Praxis angemessene Sozialform von Kirche auf dem Prüfstand. Daß es so ist, kann man nicht zuletzt daran erkennen, daß zur Anhörung des Befreiungstheologen Leonardo Boff in der Glaubenskongregation gleich zwei prominente brasilianische Kardinäle mitgereist sind.
Dies ist im Kontext der Befreiungstheologien auch verständlich. Begreifen sich diese Theologien ja nicht als ein Entwurf einer Praxis, welcher durch die Kirche dann auch eingelöst werden soll. Es ist eher umgekehrt: Zuerst war die Praxis der Befreiung und dann deren theologische Reflexion.
Es ist daher unabdingbar, will man die Befreiungstheologien recht schätzen und einschätzen, die ihr zugrundeliegende Praxis der Befreiung kennenzulernen. Dies kann nun auch nicht nur dadurch geschehen, daß man Bücher liest. Erforderlich ist vielmehr, «einzutauchen» in das je-

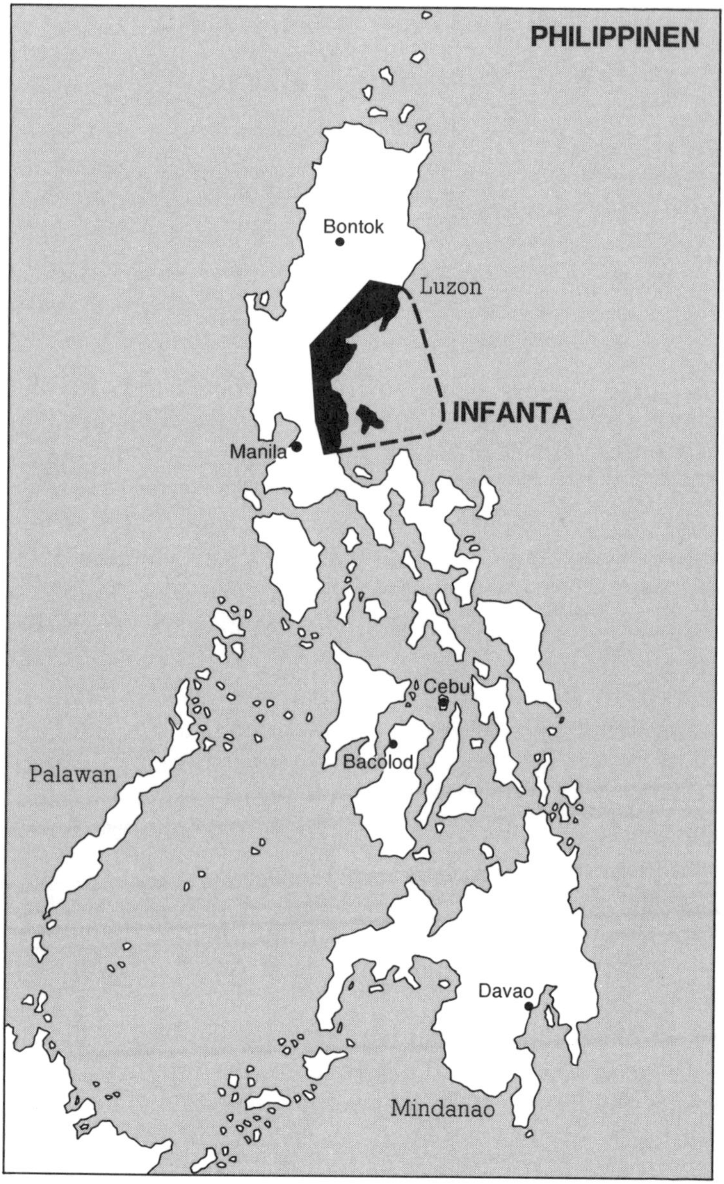
PHILIPPINEN
Bontok
Luzon
INFANTA
Manila
Cebu
Bacolod
Palawan
Davao
Mindanao

weilige Land, die Lebenslage der Leute und damit auch in die Arbeit, welche die Kirche in diesen Ländern macht. Wenn im folgenden von einer solchen Erfahrung berichtet wird, dann kann der Bericht die Erfahrung nicht ersetzen. Doch kann durch die Erzählung wenigstens erahnt werden, worum es bei der Praxis der Befreiung geht. Auch kann verhindert werden, daß Erfahrungslose dieser Praxis der Befreiung Schaden zufügen. (Wie könnte für europäische Kirchenmänner in deutschen Diözesen oder in Römischen Institutionen ein solches «Eintauchen» inszeniert werden?)

Ich habe meine Erfahrungen über die Praxis der Befreiung im Februar 1984 in einem kleinen Kirchengebiet auf den Philippinen gesammelt. Nach einer pastoraltheologischen Bildungswoche mit Missionarinnen und Missionaren im Süden Taiwans zur Theologie der Gemeinde hatte ich die Gnade, die Prälatur Infanta kennen- und liebenzulernen. Diese Prälatur liegt auf der Hauptinsel Luzon. Begrenzt wird sie auf der einen Seite von der Hügelkette der Sierra Madre, auf der anderen Seite vom Pazifischen Ozean. Auf 7189 $km^2$ wohnen 173 000 Menschen. Davon sind 85 % Katholiken: Erbe der 400jährigen spanischen Kolonialzeit. Die Bewohner sind Fischer, Kleinbauern bzw. Landarbeiter und ethnische Minderheiten in den Bergen, die sogenannten Dumagats. Weil die Prälatur geographisch sehr langgestreckt ist, wurde sie in zwei Regionen aufgeteilt. Es gibt 9 Pfarreien, 14 Priester und 39 Ordensfrauen. Dazu den Bischof, Julio Labayen, Filippino und Karmeliter. (Siehe dessen Beitrag in diesem Buch.)

Als wir am 12. 2. 1984 mittags in Manila landeten, holte uns der Bischof selbst mit seinem Jeep auf dem Flughafen ab. Er brachte uns zu seiner Schwester, die an diesem Tag ihr 25jähriges Ehejubiläum feierte. So konnten wir auch sehen, aus welchen sozialen Verhältnissen der Bischof stammt. Er gehört zur sozialen Mittelklasse. Seine Theologie hatte er in Rom studiert: Damit hat er offenbar nicht nur die Theologie, sondern auch die Vorstellungen unserer Europäischen Kirche in sich aufgenommen. Dies ist deshalb wichtig zu sehen, weil daran deutlich wird, daß selbst ein Bischof, welcher zunächst die überkommene Kirche «gelernt» hat, «umlernen» kann. Umlernen bedeutet in der Sprache der Bibel «umkehren». Der Bischof hat in der Tat eine Bekehrung durchgemacht. Gott schafft es somit offenbar, in kurzer Zeit einen Bischof zu verändern. Das ist ein Zeichen von Hoffnung auch für uns in Europa. Den ungewöhnlichen Weg, den Gott dabei geht, werden wir noch kennenlernen.

Bischof Labayen breitete sodann – bei einem kühlen Trunk bei über dreißig Grad im Schatten und hoher Luftfeuchtigkeit – die kurze Pastoralgeschichte der Prälatur vor uns aus. Auf dem Weg dieser Prälatur (einer Diözese in Schwangerschaft) gibt es einige herausragende Stationen. Da sind zunächst drei Pastoralkonferenzen (1973, 1978, 1983), die für die Entwicklung der Prälatur und ihrer Praxis von entscheidender Bedeutung waren. Auf der letzten Konferenz wurde jenes «statement» erarbeitet, das wir im Rahmen dieses Berichtes vollständig dokumentieren. «Statement»: das bedeutet zunächst «Fest-Stellung». Bei uns würde man von einem Pastoralplan, einem Pastoralkonzept reden. Doch ist es mehr ein Bericht, eine Orientierung, eine (Weg-)Weisung für das Volk Gottes auf seinem Weg durch die Geschichte. Von großer Wichtigkeit war neben den Pastoralkonferenzen das 25jährige Bestandsjubiläum der Prälatur im Jahre 1975.

Wir präsentieren in unserem folgenden pastoralen Erfahrungsbericht zunächst in einem ersten Abschnitt die Entstehungsgeschichte des «statements» und dokumentieren dieses am Ende dieses Textteiles. Dabei halten wir uns an das Gespräch mit Bischof Labayen und versuchen, möglichst oft ihn selbst zu Wort kommen zu lassen.

In einem zweiten Abschnitt sollen dann einige wichtige Themenfelder dieser Praxis der Befreiung angesehen werden. Ein erster Schritt in Richtung Systematisierung wird versucht. Im Rahmen dieser Teilthemen werden wir auch Fragen an die Praxis und die Gestalt unserer eigenen europäischen Kirche formulieren. Antworten werden nicht gegeben. Ich habe in Infanta gelernt, daß die Praxis der Kirche und die dieser Praxis angemessene Sozialgestalt allein im Zusammenspiel all derer entworfen werden kann, die Gott selbst zu seiner Kirche erwählt hat. Der praktisch-theologische Experte kann dabei mitarbeiten. Er kann aber die Antworten nicht «vor-schreiben».

## Ein Dokument aus Blut, Schweiß und Tränen

Im Jahre 1983 wurde auf der dritten Pastoralkonferenz der Prälatur Infanta ein «statement» angenommen. Der Bischof nannte es in seiner pastoralgeschichtlichen Erzählung ein «Dokument aus Blut, Schweiß und Tränen. Es ist kein Schulstubenpapier. Deshalb ist es historisch und bedeutsam. Wir haben unsere Erfahrungen gebündelt. Es enthält unsere Vision und ist die Grundlage unserer Einheit».

### 1. Evangelisierung durch Laienführer

Angefangen hat dieser Reflexionsvorgang in der 1. Pastoralkonferenz des Jahres 1973. (Man würde im übrigen bei uns von einer Diözesansynode reden.) Damals blickte man auf eine dreizehnjährige Geschichte der Pastoral seit der Gründung der Prälatur im Jahre 1950 zurück. «Es sollte jetzt geprüft werden, ob wir auf dem richtigen Weg sind. Auswertung unserer Erfahrungen und Orientierung für den weiteren Weg sollte geschehen. Wir wollten tiefer verstehen, was eine christliche Gemeinschaft ausmacht.»

Zwei Momente wurden auf dieser 1. Pastoralkonferenz bedeutsam. Da ist zunächst die Einsicht, daß eine christliche Gemeinschaft für vier Bereiche verantwortlich ist, die sich wie vier Pole des Kreuzes denken lassen: Gott, die Kirche, die Gesellschaft, die Natur. In alle vier Bereiche soll der Christ eintauchen.

Das andere Moment hängt mit dem drastischen Priestermangel zusammen. 14 Priester stehen für 145 000 Katholiken zur Verfügung. Unter solchen Umständen kann die Evangelisierung nur dann vorankommen, wenn sie nicht als Aufgabe der Priester und der Schwestern gesehen wird. Sie muß von der christlichen Gemeinschaft selbst getragen werden. Evangelisierung setzt daher die Bildung der christlichen Gemeinschaft voraus. «Was können wir daher tun, um die Gemeinschaft der getauften Christen zu befähigen und so zu formen, daß sie ihre Aufgabe der Evangelisierung erfüllen?» Die Antwort war das «lay-formation-program», die Ausbildung von «lay-leaders», Laienführern. «Dies war für die nächste Zeit unser vorrangiger Schwerpunkt.»

Nach dieser Konferenz «I gave free hands. – Die einzelnen Gruppen in der Diözese sollten im Rahmen unserer gemeinsamen Überlegungen ihr Programm formulieren. Dies sollte mit der Bibel in der Hand geschehen, was historisch neu war, denn auch auf den Philippinen war die Bibel beiseite gelegt worden. Sie galt als ‹protestantisch›! Jetzt wurde versucht, die Leute wieder mit dem Wort Gottes vertraut zu machen. Sie begannen, diese auch bei allen möglichen Anlässen zu verwenden, bei Geburtstagsfeiern oder Hochzeitsjubiläen».

## 2. Der lebendige Herr, unterwegs mit seinem Volk

Was sich in dieser ersten Pastoralkonferenz anbahnte, erfuhr zwei Jahre später im Rahmen des 25jährigen Bestandsjubiläums der Prälatur eine kräftige Weiterentwicklung.
Bei diesem Jubiläum gewann die Prälatur ihre theologische Identität. Zweifelsfrei im Kontext der biblischen Glaubenserfahrungen wurde die bisherige 25jährige Geschichte der Christen in Infanta gedeutet als Weg des gekreuzigten und auferstandenen Herrn mit seinem Volk. «Wir sagten, es ist die Aufgabe dieses Silberjubiläums, unsere eigene vergangene Geschichte zu bedenken und herauszufinden, wie Gott unsere Prälatur gesegnet hat, welches die Gnaden sind, die er in den letzten 25 Jahren über uns ausgegossen hat.»

*Symbole:* «Und so überlegten wir: Unsere Leute sind sehr einfach, sie sind ländlich, wir brauchen daher ein Symbol, das ihrem Fassungsvermögen entspricht und mit dem sie verstehen lernen, was Gott in den letzten Jahren an uns getan hat. Wir haben also gelernt, in Symbolen zu denken. In der gesamten Pastoral sind wir auf Symbole aufmerksam geworden. Wir halten sie für sehr bedeutsam, sie machen menschlich. Sie sind ein Teil des Menschen und schaffen Menschlichkeit. Für unser Jubliäum nun wählten wir das Symbol der ‹yapak›, der Fußspuren des Herrn. Wir leben am Pazifik, und wenn die Leute Spuren im Sand sehen, wissen sie, daß jemand vorübergegangen ist.
Genauso wollten wir die Fußspuren der Güte Gottes in den letzten 25 Jahren lesen lernen. So haben wir die Geschichte der Prälatur, der Pfarreien, unsere eigenen Lebensgeschichten als Geschichte des lebendigen Herrn, der mit seinem Volk geht, entziffern gelernt. Und genau das ist auch die Mitte unseres Bildungsprogramms für die Laien. Deshalb heißt auch das Bildungshaus ‹Yapak-Haus›, Haus des

Aufspürens Gottes in unserer Geschichte, in den Ereignissen und Situationen.»

*Liturgische Inszenierung:* Es ist für uns, die wir, zumal in Mitteleuropa, noch mehr im zentraldeutschen Raum, eher auf Ordnung und festgefügtes, unveränderliches Ritual bedacht sind, spannend zu sehen, wie nun diese gläubige Erfahrung der Prälatur liturgisch inszeniert wurde. Das Jubiläum dauerte ein ganzes Jahr. Es wurde durch ein großes Fest eröffnet und durch ein zweites abgerundet.
Zur Eröffnung wurde neuerlich ein Bild aus dem alltäglichen Leben gewählt. Ein Mädchen und ein Junge werden, wenn sie 25 Jahre sind, erwachsen. Ähnlich die Prälatur. Ist sie einmal 25, dann wächst sie hin auf die Fülle Christi. Als Symbol für die Fülle Christi aber wurde die Kathedrale, das Haus Gottes, gesehen.
So wurde der Weg auf diese Fülle hin inszeniert. In den Pfarreien sammelten sich zunächst die Christen. Sie zogen dann aber nicht gleich in die Kathedrale, sondern an einen Ort 4 km von ihr entfernt. Dort wurde eine Feier der Versöhnung gehalten: und dies nicht zufällig, beging doch die Kirche in diesem Jahr 1975 das Heilige Jahr der Versöhnung. Dann zog das Volk zur Kathedrale. Alle gingen sie barfuß. Die Gebete und Lieder wurden durch die lokale Radiostation in die ganze Prälatur übertragen. Alle konnten so daran teilnehmen. Das Thema der Wallfahrt war der Bund Gottes mit seinem Volk.
«So zogen wir», erzählte der Bischof mit immer noch merklicher Ergriffenheit, «eine Zeitlang meditierend über das Wort Gottes vom Bund. Und als wir die Stadt (Infanta) betraten, erschienen über der Prozession zwei natürliche Regenbögen. Als ich sie sah, war ich begreiflicherweise sehr aufgeregt. Es war ein direkter Dialog, ein lebendiger Dialog: Ein Volk meditiert über Gottes Bund, und Gott gibt seine Antwort. Es geschah wirklich so. Bruder Bruno hat

Bilder von diesen beiden Regenbögen gemacht. Jeder war überwältigt, wie man sich denken kann. Das Volk fühlte sich wahrhaft als das Volk Gottes.
Da gibt es noch eine kleine heitere Hintergrundstory. Als nämlich eine der Pfarreien ein Jahr zuvor ein anderes Fest beging und barfuß einen Fluß durchquerte, da war auch ein Regenbogen über ihnen. Es war damals aber nur ein einziger Bogen. Und die Leute waren sehr angerührt und sagten: ‹Wir sind nur ein kleiner Teil der Prälatur, eine einzige Pfarrei, und die Prälatur hat zusammen neun. Wird es also auch einen Regenbogen geben, wenn die ganze Prälatur zusammenkommt?› Und als wir dann als Prälatur zusammenkamen, da gab es nicht nur einen Regenbogen, sondern zwei!»
Als die Christen von Infanta dann das Jubiläumsjahr beschlossen, kamen wieder einige von ihnen im liturgischen Ausschuß zusammen. Sie meinten: Sobald ein Junge und ein Mädchen 25 sind, werden sie nicht nur erwachsen, sondern auch frei und verantwortlich für sich und andere. Diese Verantwortung heißt aber für Christen Evangelisierung, Mission. Der missionarische Weg, das war also das Thema. Wie wurde nun dieses Selbstbewußtsein liturgisch dargestellt?
«Die Gläubigen trafen sich diesesmal in der Kathedrale. Von dort zogen sie zwei Kilometer an den Strand und hielten dort die Messe. Der Strand: ein altes Symbol des Tores zur weiten Welt. Und sie lasen das Evangelium: Geht hinaus und verkündigt das Evangelium aller Welt. Und nach der Messe hatten wir ein familiäres Picknick.
Von diesem Jubiläum an wurde das ‹Yapak-Programm› vorangetrieben. Ereignisse und Situation wurden gedeutet als Zeichen der Zeit. Die Frage wurde zu stellen gelernt: Was sagt uns der Herr der Geschichte durch Situationen und Ereignisse? Um diese Frage haben sich dann Christen gesammelt und angefangen, Volksorganisationen zu bilden. Dort

kümmern sie sich gemeinsam um ihre alltäglichen Lebensprobleme. Zum Beispiel will eine ausländische Firma das Land kaufen. Dagegen organisieren sich die Leute und fangen an, sich erfolgreich zu wehren. Auch andere Programme wurden entwickelt, vor allem in Zusammenarbeit mit den ‹Rural Missionaries› (Schwestern aus verschiedenen Orden, die sich in den Dienst der Diözese gestellt und dazu zu neuen Lebenseinheiten zusammengeschlossen haben): zur Verbesserung der Ernährung, zur Alphabetisierung, zur Förderung der Gesundheit.»

## 3. Kirche der Armen

Fünf Jahre nach der 1. Pastoralkonferenz wurde im Jahre 1978 eine zweite abgehalten. Wieder wurden die bisherigen Erfahrungen kritisch gesichtet. Immer noch ging es um die «Christliche Gemeinschaft» und um das, was sie aus macht. Ein erstes Ergebnis dieser Überlegungen war die Formulierung des Pastoralprinzips der «immersion», des Eintauchens. Die Ereignisse und Situationen sollten nicht nur von außen, sondern von innen her betrachtet werden. Von innen meint hier: aus der Perspektive des Volkes. Das ist denn auch der Sinn dieser Pastoralkonferenzen: «zu hören auf die Stimmen von unten, aufmerksam für sie zu werden, offen zu sein für sie. Wir wollten die Stimme des Volkes vernehmen».
Sobald aber eine Kirche bereit ist, die Situation aus der Sicht des Volkes zu sehen, wird sie unweigerlich eine Kirche der Armen. Der Bischof: «Diese Kirche kann nie eine Kirche der Armen werden, wenn wir die Dinge weiterhin von einem Podest aus ansehen, vom Lehnstuhl aus oder ‹ex cathedra›, also nur vom Lehrstuhl der Kirche aus.»

## 4. Kirche in der Verfolgung

Die Jahre zwischen der 2. und 3. Pastoralkonferenz im Jahre 1983 sind entscheidend durch die Zuspitzung der innenpolitischen Lage geprägt. Die Auseinandersetzung um das Referendum im Jahre 1975 hatte schon die Bischöfe uneins gemacht. Die einen wollten den durch die Opposition ausgerufenen Boykott unterstützen, andere hingegen wollten diese Entscheidung den einzelnen Katholiken selbst überlassen. Jedenfalls gelang es der Regierung mit diesem Referendum, das Kriegsrecht zu legitimieren, sich die Politik der «Nationalen Sicherheit» gegen die kommunistische Gefahr ebenso bestätigen zu lassen, wie eine massenwirksame Werbung für ein massen*un*wirksames Programm der Überwindung der Armut im Volk betreiben zu können. Das Volk selbst wurde immer ärmer, die Unterdrückung nahm zu, die Opposition wuchs. Das Land wurde immer mehr militarisiert: Man setzte sich nicht mehr zusammen, um soziale Probleme des Landes gemeinsam zu lösen, sondern übte militärische Gewalt aus.

Gerechtfertigt wurde dies mit dem Hinweis auf die nationale Sicherheit und die Kommunismusgefahr. Mit dieser Beschwörung der kommunistischen Gefahr wurden auch weite Teile der Kirche in die Falle gelockt: Weil diese selbst Angst hatten vor dem Kommunismus, waren sie bereit, die (was sie eben nicht sahen) für die Armen ebenso verheerende Politik der US-Markos-Diktatur zu unterstützen.

Die Folge war eine tiefe Spaltung in der Kirche. Mißtrauen breitete sich aus. Und dies war einer der größten Erfolge der Diktatur. Zugleich wurden Laien, Schwestern und Priester verhaftet und auch umgebracht. Auch Labayen selbst wurde als Kommunist öffentlich in der Presse attackiert.

Auf diesem Hintergrund sammelten sich die Christen in Infanta zu ihrer 3. Pastoralkonferenz. Um für die Auseinandersetzungen genug Zeit zu haben, wurden in den zwei Regionen Seminare organisiert: je sieben Tage für jene, die schon an den früheren Pastoralkonferenzen teilgenommen hatten und daher die Arbeit der Prälatur schon kannten. Für die Neuhinzugewonnenen wurden 21 Tage anberaumt. Bei all diesen Seminaren waren die Spannungen so groß, daß immer einige mit einem «walk-out», einem demonstrativen Auszug, drohten.

Die Auseinandersetzungen spitzten sich auf eine einzige Frage zu: «Bischof, wo stehst Du und was hast Du uns zu sagen?» Und so erklärte er den Leuten, wo er stand. Nur so konnte er den Auszug der Leute verhindern.

An dieser Stelle erzählt der Bischof, was er für sich selbst auf dieser 3. Konferenz gelernt hat, auf der im Kontext der prekären Lage seines Landes auch in der Kirche ein wirklicher, scharfer, tiefer und schwerer Konflikt ausgebrochen ist. «Hier habe ich meine Erziehung als Bischof erhalten: Meine Aufgabe ist es tatsächlich, Einheit und Versöhnung voranzutreiben, und das ist sehr schwer und hart. ‹It's almost sometimes crucifying› – da wirst du manchmal gekreuzigt.»

Der Bischof fügt hier auch noch eine Bemerkung an über die Art und Weise, wie das Volk Theologie betreibt (er nennt sie die wahre Theologie) und unsere herkömmliche «class-room-theology», die Schultheologie. Die herkömmliche Theologie hat es nämlich nicht einfach. Es klingt für sie ungewöhnlich, daß das Volk nun zur Theologie etwas zu sagen hat. «Aber was ist Theologie, wenn nicht die Bewegung Gottes in seinem Volk. Und jede Theologie muß von dieser ursprünglichen Theologie herkommen. Bei der akademischen Theologie ist dies aber nicht von Haus aus der Fall. Da kommt es unweigerlich zu Spannungen. Unser akademisch-theologischer Hintergrund, unsere Kategorien, unsere Philosophie, all das fügt sich nicht so leicht zu dieser wahren Theologie des Volkes. Uns akademischen Theologen bleibt daher keine andere Wahl, als die Wirklichkeit mit den Augen jenes Volkes sehen zu lernen, welches das Opfer ist und welches kämpft.»

## 5. Dokumentation des «statements»

1. Wir sind die christliche Gemeinde der Prälatur Infanta, die DICADI, BALER VALLEY, DRIN und PULO[41] umfaßt: eine Gemeinschaft von getauften Katholiken.
2. Es stimmt, diese Gemeinschaft ist ein Teil der Welt, doch sie wurde nicht von der Welt geschaffen. Nichtsdestoweniger wurde sie vom Herrn Jesus Christus aus dieser Welt für das Leben, die Vollkommenheit und die Einheit der Welt geschaffen.
3. Jesus Christus gründete diese Gemeinschaft auf einem unerschütterlichen Felsen: Petrus, mit den elf Aposteln in Gemeinschaft mit ihm. Der Heilige Vater in Gemeinschaft mit den katholischen Bischöfen ist Petrus' Nachfolger in den folgenden Generationen.
4. Aus diesem Grund anerkennen und akzeptieren wir unseren Bischof als die Grundlage der Einheit für die ganze Prälatur. Er ist auch das Band unserer Einheit mit allen christlichen Gemeinden, die die katholische Kirche bilden.
5. Jesus Christus ist unser Leben und unsere Mitte. Ob wir ihn immer mehr erkennen und mit ihm eins werden, hängt von unserem innigen Verhältnis zu ihm ab; dies hat aber zugleich damit zu tun, daß wir die Zeichen der Zeit erforschen und analysieren.
6. Denn wir glauben, daß er lebendig ist, unter uns lebt und mit uns geht. Er ist der Herr des Himmels und der Erde und der Geschichte.
7. Es ist unsere Pflicht, die «Fußstapfen des Herrn» zu suchen und zu entdecken, indem wir unsere Geschichte und

Umwelt (Situation) im Lichte der Frohbotschaft prüfen[42]. Diese Fußstapfen werfen Licht auf den Auftrag, mit dem uns der Herr betraut hat: den Traum des Vaters zu fördern und zur Verwirklichung zu bringen, die Frohbotschaft des Reiches Gottes zu verkündigen oder mit anderen Worten: diese Welt zum Heim Gottes zu machen.

8. Da die Kirche der lebende Leib Jesu Christi ist, ist es auch unsere Pflicht, mit dem Geist der Kirche zu denken und mit ihrem Herzen zu fühlen.

9. Unter der Führung der Kirche machen wir uns die Freuden und Hoffnungen, den Kummer und die Ängste der Menschen von heute zu eigen, besonders jene der Armen und Geplagten[43].

10. Aus diesem Grund sollen wir uns weiterhin in die Welt der Armen und Geplagten versetzen, damit wir ihre Bestrebungen und Erwartungen verstehen, die mit ihrer menschlichen Würde und mit dem Traum des Vaters für alle zu tun haben.

11. Hier entdecken wir, daß die Sünde, die im Herzen des Menschen ist, bereits strukturiert ist und weiterhin auf weltweiter Ebene strukturiert wird. Weshalb wir, eins mit der Kirche, erkennen, daß die Ungerechtigkeit nicht nur das vordringlichste Problem der Welt ist, sondern auch ein Zeichen der Macht der Sünde, die sich durch Strukturen und Systeme ausbreitet und an Stärke gewinnt. Die Frucht der Ungerechtigkeit ist Armut und Elend für die Massen.

12. Unsere Situation in der Prälatur spiegelt die Situation der Philippinen im Weltkontext wider. Unsere sozialen Analysen machen klar, daß etwa 87 % der Leute in der Prälatur arm und unterdrückt sind. Unterbeschäftigung ist weit verbreitet. Furcht und Verhaftungen herrschen vor auf Grund der Militarisierung und der sie begleitenden Unterdrückung.

13. Angesichts dieser Situation fühlen wir uns – eins mit der Kirche und mit den Bischöfen Asiens und Lateinameri-

kas – gedrängt, eine Kirche der Armen zu werden: eine Kirche, die eine besondere Aufmerksamkeit und Liebe zu den armen Volksmassen hat, für die Opfer der Ungerechtigkeit und für jene, deren Würde und Rechte mit Füßen getreten werden. Auf der anderen Seite erkennen wir die tiefere Bedeutung der Armut darin, offen zu bleiben, auf den Herrn der Geschichte zu vertrauen und zu hoffen.

14. Obwohl wir für die Armen eingenommen sind, ist es unser Ziel, die menschliche Rasse in Versöhnung und Einheit zusammenzubringen, gemäß dem Bund Gottes mit der Menschheit: «Ich werde Euer Gott sein, ihr werdet mein Volk sein.»[44] Darin liegt der Traum des Vaters.

15. Der Auftrag, der uns vom Herrn erteilt wurde, ist, die Menschheit von der Sünde und allen ihren Folgen zu befreien, mit anderen Worten, das Angesicht der Erde zu erneuern, das heißt, für den Übergang von Ungerechtigkeit zu Gerechtigkeit zu arbeiten, von Haß und Neid zu Kameradschaft, von der Sklaverei zur Freiheit für die Kinder Gottes, von Täuschung zu Aufrichtigkeit. Dieser Auftrag schließt die Strukturierung und Konsolidierung der menschlichen Gemeinschaft nach göttlichem Recht ein[45].

16. Deshalb erkennen und akzeptieren wir, daß die christliche Gemeinde nicht allein für sich selbst lebt, sondern für die Welt – für ihr Leben, ihre Vollkommenheit und Einheit, entsprechend dem Traum des Vaters.

17. Maria ist wesentlich für den Traum des Vaters. Sie wurde vom Vater erwählt, Seines Sohnes Mutter zu sein. Weshalb wir, während wir Maria als die Mutter Jesu Christi ausrufen, sie auch als unsere Mutter beanspruchen: Mutter der Kirche, des lebenden Körpers Jesu Christi.

18. Ebenso erkennen wir Maria als unser Vorbild an. Sie lebte einst mit Jesus Christus und mit seinem Auftrag. In gleicher Weise ist die christliche Gemeinde berufen und gesandt.

19. Wir beten zum uns führenden Geist – dem Geist Jesu

Christi – der uns leitet, den Fußstapfen des Herrn zu folgen, inmitten von Schwierigkeiten und Verfolgung, daß Er in uns wohne, damit Er unsere Stärke sei und uns den Auftrag Jesu Christi treu ausführen lasse, nämlich die Verwirklichung des Traums des Vaters.

# Bausteine einer vergleichenden Pastoraltheologie

In diesem zweiten Teil soll das vorgelegte (und zusätzliches) Material noch einmal «quer» gelesen werden. Das Interesse geht jetzt dahin, zentrale Themenfelder herauszuschälen. Dabei sollen diese Themen, die Praxis der Befreiung und die ihr angemessene Sozialform der Kirche, nicht nur in ersten Ansätzen systematisiert werden. Vielmehr soll «vergleichende Pastoraltheologie» betrieben werden. Es war A. Exeler, der schon 1978 auf dem in Wien tagenden Kongreß der deutschsprachigen Pastoraltheologen eine solche «vergleichende Pastoraltheologie» gefordert hat. Er vertrat damals die heute schon akzeptierte These, daß die Praxis der vielen Ortskirchen künftighin nicht mehr einbahnig von Europa aus definiert werden dürfe. Vielmehr müsse es zu einem Austausch zwischen den Kirchen auf den einzelnen Kontinenten kommen. Austausch meint zugleich gegenseitige Bereicherung und auch Kritik, die aufbaut und ermutigt.

Methodisch soll im Folgenden so vorgegangen werden: In jedem einzelnen Themenbereich werden (noch einmal) Erfahrungen und Eindrücke zusammengetragen. Daran fügen wir jeweils die Frage, was unsere Europäische Kirche und unsere Praktische Theologie aus diesen Erfahrungen lernen können. Es geht also um Lernen aus Begegnung, aus der Begegnung mit Infanta. Im einzelnen wird es um folgende Themenfelder gehen: Politik aus Gottesverwurzelung (1.), Volksförderung (2.), Amtsstil (3.), Theologie (4.). Abschließend soll noch für eine größere Solidarität mit den Verfolgten plädiert werden (5.).

## 1. Politik aus Gottesverwurzelung

Im Punkt 12 des soeben dokumentierten «Statements» heißt es:
«Unsere Situation in der Prälatur spiegelt die Situation der Philippinen im Weltkontext wider. Unsere sozialen Analysen machen klar, daß etwa 87% der Leute in der Prälatur arm und unterdrückt sind. Unterbeschäftigung ist weit verbreitet. Furcht und Verhaftungen herrschen vor auf Grund der Militarisierung und der sie begleitenden Unterdrükkung.»
In der Tat, die Lebenslage der kleinen Leute ist prekär. Die Bauern sind arm, werden häufig von ihrem Land vertrieben, weil wenige reiche Familien und noch mehr ausländische Agrarkonzerne mit dem Land der kleinen Leute neue ertragreiche Plantagen errichten wollen; den Bauern wird bestenfalls die Chance gegeben, unter frühkapitalistischen Bedingungen in diesen Plantagen eine Zeitlang zu arbeiten: Bedingungen, wie sie uns aus den Studien unserer christlichen Soziallehrer um Carl Freiherr von Vogelsang aus dem 19. Jahrhundert vertraut sind.
Dann gibt es die vielen Fischer, denen die großen japanischen Fischereiunternehmen nicht nur die Fische wegfangen, sondern auch mit ihren Netzen die Fischbrut mitvernichten; die Regierung hat ihnen die Fangrechte eingeräumt. In den Bergen dieses Kirchengebiets leben schließlich uralte malayische Stämme, die Dumagats. Die Regierung plant in den einsamen und schwer erreichbaren

Tälern große Stauanlagen. Dies würde die Lebensgrundlage dieser Menschen, die auf der Jäger- und Sammlerstufe leben, mit einem Schlag vernichten. Für sie wäre es das Ende, und keiner vermag heute vorherzusagen, wie die Frauen, Männer und Kinder den Zivilisationsschock verkraften würden, der ihnen bevorstünde, sobald die Regierung die lediglich auf ökonomischen Interessen beruhenden Pläne realisieren würde.

Unter diesen Volksteilen ist die Kirche gegenwärtig. So heißt es im pastoralen Statement in der Nr. 13: «Angesichts dieser Situation fühlen wir uns – eins mit der Kirche und mit den Bischöfen Asiens und Lateinamerikas – gedrängt, eine Kirche der Armen zu werden: eine Kirche, die eine besondere Aufmerksamkeit und Liebe zu den armen Volksmassen hat, für die Opfer der Ungerechtigkeit und für jene, deren Würde und Rechte mit Füßen getreten werden.»

Bevor wir sehen, wie die Kirche von Infanta zur Kirche der Armen wird, verfolgen wir zunächst die Frage, woher eine solche politische Option ihre Begründung nimmt. Wird denn, so könnte man fragen, hier die Kirche nicht umgewandelt in eine politische Bewegung? Wird hier nicht auch die Kirche verstrickt in den von oben geführten Klassenkampf? Noch mehr, wird der Klassenkampf nicht in die Kirche selbst hineingetragen?

Natürlich sind solche Fragen berechtigt, zumindest grundsätzlich. Doch meine Begegnung mit der Kirche in Infanta hat mir gezeigt, daß zwischen der Befürchtung Roms und der Praxis vieler Ortskirchen ein erfreulicher Unterschied besteht. Infantas Kirche beruft sich nicht auf Marx, sondern auf die Bibel und auf das Zweite Vatikanische Konzil. Bei näherer Analyse fällt auch auf, daß aus Konzil und Bibel nicht nur die «politischen Anteile» herausgefiltert werden, sondern die politische Option aus dem Zentrum des biblischen Gottesglaubens kommt. Ich formuliere plakativ: Es ist Politik aus christlicher Gottesverwurzelung. Hören wir wieder zunächst aus dem pastoralen Statement Infantas. Nr. 5 ist, so der Bischof bei seiner Erläuterung an unsere Reisegruppe, die Schlüsselstelle. Dort heißt es: «Jesus Christus ist unser Leben und unsere Mitte. Ob wir ihn immer mehr erkennen und mit ihm eins werden, hängt von unserer ‹heart-to-heart relationship› zu ihm ab; dies hat aber zugleich damit zu tun, daß wir die Zeichen der Zeit erforschen und analysieren.» «Denn», so die Nr. 6, «wir glauben, daß er lebendig ist, unter uns lebt und mit uns geht. Er ist der Herr des Himmels und der Erde und der Geschichte.» Dann kommt ein Bild, das für die Prälatur Infanta nahezu zum «Markenzeichen» geworden ist: Das Bild der «Yapak ng panginoon», der «footprints of the Lord», der Fußspuren Gottes.

«Unsere Menschen», so der Bischof in seinen Erläuterungen, «sind sehr einfach. So brauchen sie Symbole, die ihre Phantasie anregen und ihnen nahebringen, was unsere Überlegungen meinen. Wir leben nun am Pazifik. Unsere Leute haben eine Erfahrung von Sand und von Fußspuren im Sand. Sehen sie solche Spuren im Sand, dann wissen sie, daß jemand vorübergegangen ist. Von da aus lernen sie auch zu verstehen, daß der Herr, weil er am Leben ist und mit uns geht, seine Spuren im Sand der Geschichte unseres Volks hinterläßt. Gewiß», so fügt er angesichts seiner europäischen Gäste hinzu, «das ist keine akademische Theologie, es ist mehr eine pastorale Theologie.»

Ich habe denn auch miterlebt, auf dem Boden mit Farmern und Fischern zusammenhockend, wie sie, mit der Bibel in der Hand, den Herrn ihrer Geschichte aufspüren. Sie haben die Frage zu stellen gelernt, was Gott jetzt von ihnen erwartet. In ihren eigenen Hoffnungen, in den Hoffnungen und Nöten des Volkes, haben sie die Spuren Gottes erkannt.

Aber es bleibt nicht bei diesem einen Bild. Andere uralte Glaubensbilder finden wir inmitten des Lebens dieser

kleinen Bauern und Fischer. So hat ein Fischerdorf die überlieferten Kreuzwegprozessionen abgewandelt, die ja seit alten Zeiten auf den Philippinen stattfinden: Leute geißeln sich blutig, lassen sich stundenlang an ein Kreuz heften. Nicht so das Fischerdorf. Zwar sind auch sie in einer Prozession aufgebrochen, mit dem alten Ziel, einem naheliegenden Hügel außerhalb des Dorfes. Aber oben angekommen, haben sie sich um ein Kreuz gesammelt, das in ihren Bibelgruppen entstanden ist. Das Kreuz zeigt nun aber nicht Jesus, den Gekreuzigten, sondern am Kreuz hängen zwei überkreuzte Fische. Die Botschaft ist eindrucksvoll und reich an tiefer christlicher Mystik: Es ist das Volk der Fischer, welches heute leidet; in ihm aber ist der Herr selbst gekreuzigt, seine Leidensgeschichte geht weiter. Wichtig ist, daß heute alle Kreuzwege in Asien, Afrika und Lateinamerika, anders als bei uns, nicht mit der Grablegung enden, sondern eine 15. Station kennen, die Auferstehung. Leiden, Sterben und Auferstehen Jesu werden somit entschlüsselt als das im Volk geschehende fortgesetzte Leiden und Auferstehen des Herrn durch die Geschichte.
Wie sehr die «Politik» dieser jungen Kirche in einer mystischen Berührung mit dem Herrn der Kirche wurzelt, zeigt ein anderes Symbol dieser Diözese. Das Herz der Diözese, so der Bischof, ist nämlich nicht seine Kathedrale, ist nicht sein Bischofssitz, sondern ist ein Karmel. Dieser Ort der Mystik und Anbetung trägt bezeichnenderweise den Namen «Von den Träumen des Vaters». Das ist also die Mitte aller kirchlichen Praxis in dieser Diözese, die Verwurzelung im lebendigen Gott Jesu. Wer aber einmal in Gott selbst wurzelt, kann gar nicht anders, als sich an der Leidenschaft Gottes gerade für jene zu beteiligen, die wenig, zu wenig vom Leben haben. An dieser Stelle wird auch das Verhältnis dieser Christen zu den Reichen und Mächtigen deutlich. Einerseits sind sie jene, die das Volk unterdrücken, seine Lebenschancen bei sich horten, und dieses in den gesell-

schaftlichen Strukturen festgeschriebene Unrecht, das zum Himmel schreit, durch ihre Macht festhalten. Andererseits sind auch diese Reichen zum Reich Gottes gerufen. Gott ist auch ihr Gott, die Kirche ist auch ihre Kirche. Die Christen Infantas wissen um ihre Heilssolidarität auch mit den Reichen. Sie haben in der Bibel gelesen, daß der Reiche schwerer ins Himmelreich kommt, als ein Kamel durch ein Nadelöhr geht. So wird auch diesen Reichen um ihres Heiles willen die Bibel wie ein Spiegel vorgehalten, in der Hoffnung, daß auch sie, wie die Kirche selbst zuvor, eine Option für die Armen treffen, umkehren und sich von Gott gewinnen lassen, nicht auf Kosten anderer zu leben, sondern die vorenthaltenen Lebenschancen für das Volk freizugeben. Nicht der Klassenkampf in der Kirche wird gesucht, sondern (wie es die Nr. 14 ausdrücklich fordert) – trotz der Option für die Armen – die Einheit und Versöhnung unter den Menschen, und dies auf dem Boden des Bundes Gottes mit der einen Menschheit. Und noch einmal wird von Gottes Traum geredet, wenn die Bibel zitiert wird: «Ich will euer Gott sein, und ihr werdet mein Volk sein» (Jer 31,33; Ez 36,28). Wer also dieser Kirche in Infanta unterstellt, sie betreibe nichts als Politik und verlasse daher ihr Aufgabengebiet in Richtung auf eine marxistische Kampforganisation, der irrt.

Was folgt daraus für uns, wenn wir vergleichende Pastoraltheologie betreiben? Ich meine, daß wir, herausgefordert durch die Praxis einer solchen vitalen jungen Kirche, für uns fragen müssen, wo die Kirche und die Christen bei uns stehen. Natürlich gibt es bei uns andere gesellschaftliche Verhältnisse. Aber ist damit das Problem der ungerechten Verteilung der Lebenschancen im Volk schon erledigt? Gehen wir nicht Zeiten der gesellschaftlichen Veränderung entgegen, in denen vorhersehbare neue Ungerechtigkeiten auftauchen werden? Versteht man den Begriff «arm» einmal in einem weiteren Sinn, kulturell und bezogen auf die

Verteilung von Lebenschancen, dann wird man leicht auch bei uns einschlägige Themen entdecken: die Verteilung der Lebenschancen zwischen den Geschlechtern (also Frauen und Männern), zwischen den heute lebenden Generationen (ich denke an die Kinder und die Alten), zwischen denen, die Arbeit haben und jenen, die an gesellschaftlich verwalteter Arbeit nicht beteiligt werden; ich denke an die Verteilung der Lebenschancen zwischen unserer heutigen Generation und den kommenden Generationen (leben wir nicht auf deren Kosten? Hinterlassen wir ihnen eine lebenswerte Welt?); ich denke nicht zuletzt auch an die Verteilung der Lebenschancen in der immer mehr eins werdenden Welt (Leben die reichen Länder, wir also, nicht zunehmend auf Kosten der ärmeren Völker? Verrüsten wir nicht, um unserer eigenen Sicherheit willen, die knappen Überlebensmittel der einen Menschheit – was der Vatikan schon vor Jahren eine verbrecherische Veruntreuung genannt hat?). Die Liste der «Armen» bei uns ist damit längst nicht erschöpft. Doch schon drängt sich die nächste Frage auf: Wie könnte eine Option unserer Kirche für die Armen aussehen? Wo stehen wir Christen hier in Europa?
Und das Fragen geht, angeregt durch die Erfahrung in Infanta, weiter: Wenn wir dann eine politische Praxis für unsere heutige Kirche entwerfen, welche die Praxis der «gesellschaftlichen Befreiung» ist (wie Johannes Paul II. sie gefordert hat), welchen Ursprung hat eine solche Praxis bei uns? Neigen nicht viele politisch engagierte Katholiken und Protestanten bei uns dazu, unsystematisch zu sein, während umgekehrt viele in eine apolitische Mystik abstürzen? Müßten wir nicht sagen, daß es wirklich christliche Politik auf die Dauer nur aus einer tiefen Gottesverwurzelung gibt? Muß die für uns typische Alternative «entweder mystisch oder politisch» nicht umgeformt werden in «je mystischer, um so politischer», weil der in Gott Verwurzelte gar nicht mehr anders kann als zu lieben, und die

wirksamste Form der Nächstenliebe, so schon Paul VI., die Politik ist?

## 2. Partizipation oder: Volksförderung

Ein zweites Thema vergleichender Pastoraltheologie ist das, was ich hier – sprachlich vielleicht befremdlich – Volksförderung nennen will. Julio Labayen hat in einem Vortrag an der Katholischen Universität in Eichstätt im November 1982 darauf hingewiesen, daß trotz vieler Jahre der Planung und Entscheidung «von oben» in der leider sogenannten «Dritten Welt» die Hauptprobleme ungelöst geblieben sind, das sind Armut, Ungerechtigkeit, Folter und Armseligkeit des Lebens. Jeder Lösungsversuch von oben, so vermerkte er, führe nämlich zu einer fatalen Apathie des Volkes. Was daher zu erreichen sei, ist die Überwindung dieser Apathie; der Weg dahin heißt aber Partizipation, Beteiligung des Volkes.

Von hier aus ergibt sich die Arbeitsweise der Kirche in Infanta. Sie hat zwei Stoßrichtungen. Zunächst werden durch ihre Unterstützung «Volksorganisationen» geschaffen, welche durch «layleader» (Laienführer) geführt werden. Entscheidend ist, daß die Kirche keineswegs die politische Arbeit des Volkes selbst macht. Das Hauptinteresse geht dahin, daß die Leute ihre menschliche Würde wiederentdecken. Das aber hat damit zu tun, daß sie selbst ihr Schicksal in die Hand nehmen und dafür eintreten. Dem stummen und apathischen Volk seine Sprache wiederzugeben, ist Hauptanliegen der politischen Entwicklungsarbeit des Volkes. So werden Bauern und Fischer in Gruppen versammelt; gemeinsam analysieren sie ihre Lage, suchen nach Lösungen und machen eigenständig kleine Schritte in diese selbstgefundene Richtung. Mit Bauern werden zusammen Reisbanken für Saatgut und Kooperationen für den Verkauf der Ernte geschaffen, um die Abhängigkeit der kleinen Bauern vom profitgierigen Zwischenhandel zu brechen. Grundsätzlich geht es also der Kirche darum, das Volk fähig zu machen, gegen die massiv ungerechte Verteilung der Lebenschancen in einem zumal reichen Land selbst zu kämpfen.

Nun wird aber mit einer einleuchtenden Logik darauf hingewiesen, daß die Kirche die politische Beteiligung des Volkes nicht fördern kann, wenn das Volk in der Kirche selbst anders behandelt, also nicht beteiligt wird. Volksförderung ist unteilbar. Man kann nicht politische Partizipation wollen, sie aber zugleich im eigenen Haus unterbinden. So haben die Volksorganisationen ihre ebenbürtige und logische Entsprechung in den christlichen Basisgemeinschaften (BCC, Basic Christian Communities). Labayen: «Die Hauptaufgabe der Basisgemeinden ist nicht der Einsatz für soziale Gerechtigkeit. Diese Aufgabe ist zwar ein Bestandteil der Evangelisation, aber sie soll eher von den Volksorganisationen wahrgenommen werden. In den Basisgemeinden sollen die Menschen die Heilige Schrift lesen und interpretieren, schweigend und betend auf Gott hören und das Erkannte auf ihre eigene Situation beziehen. Dann sind sie Sauerteig im Volk.»

Wieder stellen sich, im Rahmen einer vergleichenden Pastoraltheologie, an uns Fragen: Wie halten wir es mit der Volksförderung? Stimmt es, wie pastoralgeschichtliche Studien belegen, daß wir aus einer Zeit kommen, in der eine tiefe Kluft zwischen dem Klerus und dem Volk gewachsen ist, so daß die einen zum Subjekt der Kirche, die anderen aber zu deren Objekt geworden sind: was – mit den Worten von Labayen – eben auch zu einer Apathie des Volks in unserer Kirche geführt hat? Ist nicht, um weiterzufragen, in der Zwischenzeit die Zweiteilung der Kirche zwischen Klerus und Volk in eine noch fragwürdigere Zweiteilung zwischen Experten und Volk übergegangen? Wie sieht aber dann, wenn wir das wünschen und uns dazu auch von den jungen Kirchen fordern lassen, bei uns eine Volksförderung aus? Wie kann es sein, daß auch unsere Christen wieder die Fußspuren Gottes lesen lernen, in ihrem eigenen Leben, im Leben ihrer Gemeinden? (Welche Pfarrgemeinde geht denn auch in ihrer pastoralen Arbeit davon aus, daß Gott mit ihr eine Geschichte hat, daß die Mitglieder dieser Christengemeinde eine unvertretbare Berufung von Gott haben?) Wie könnten denn schließlich auch bei uns die Christen wieder die Bibel in die Hand nehmen und aus ihr leben lernen? Natürlich gibt es zu all diesen Anliegen auch schon erste gute Erfahrungen. Doch halte ich all diese Fragen, wie ich aus vielen Kursen mit pastoralen Experten weiß, nicht für überflüssig. Es gibt nur allzu viele naheliegende berufssoziologische Gründe dafür, daß Experten weniger das Volk denn sich selbst fördern. In dieser Hinsicht sind Priester und andere Pastoralexperten einander ziemlich ähnlich. Uns stellt sich dann aber die ernsthafte Frage, wie sich eine Expertenkirche und Volksförderung miteinander vertragen. Die Antwort, daß es dann eben Aufgabe der Experten sei, das Volk zu fördern, befriedigt nur einen Abend lang. Schon am nächsten Morgen wird man, wieder getrieben durch die Begegnung mit Infanta, fragen: Wie kommt es, daß es dort weder Geld noch Experten gibt, dafür aber eine Unmenge interessanter christlicher Basisgemeinschaften, während wir viel Geld und Experten zu haben scheinen, aber es immer mehr an Volk mangelt?

## 3. Amtsstil

Wer Volksförderung sagt, kommt heute leicht in den Ruf, er sei gegen den Klerus und gegen das Amt. Wieder mag die Begegnung mit Infanta helfen, die Frage genauer zu stellen. Es wird sich nämlich zeigen, daß im Grund bei uns

nicht um das Amt gekämpft wird, sondern – was viel folgenschwerer ist – um den Amtsstil. Und viele schieben den Streit um das Amt vor, um nicht den Amtsstil ändern zu müssen.
Ich bin in Infanta nicht nur einem Karmeliterbischof begegnet, sondern auch einheimischen Priestern und vor allem einer großen Zahl großartiger Schwestern. Diese haben ihre alten Orden zeitweilig verlassen und haben sich – wie soll man sagen: überordentlich – zu einer Schwesterngemeinschaft der «Rural Missionaries» zusammengeschlossen. Wen immer ich aber getroffen habe: Stets waren alle diese Amtsträger zunächst Christen unter Christen, Brüder und Schwestern. Der Bischof saß mit den anderen Christen auf dem Holzboden, hemdsärmelig, und hörte zu. «Wie soll denn auch das Volk zum Reden kommen», so der Bischof wörtlich zu unserer Reisegruppe, «wenn wir immer schon zuvor reden. Dann fassen die kleinen Leute nicht mehr Mut. Sie trauen sich dann nicht mehr, selbst ihre Erfahrungen mit der Bibel zu machen. Und bleiben apathisch. Wem also wirklich an einer Förderung des Volks liegt, muß einen neuen Amtsstil pflegen.»
Wieder stellen sich Fragen an unsere kirchliche Entwicklung. Ist es nicht ein vorzügliches Kriterium, ob wir wirklich das Volk entwickeln wollen, zu sehen, welchen Amtsstil wir fördern? Gibt es nicht bei uns zur Zeit eine kirchliche Politik der Abgrenzung der Amtsträger vom Volk, aus Angst vor der Auflösung des Amtes ins Volk hinein, oder aus Angst davor, daß, wenn der Priester nicht genügend herausgehoben ist, keiner mehr Priester werden will und daß niemand mit einem Priester ins Gespräch kommen will, wenn er sich nicht deutlich genug vom gewöhnlichen Christen unterscheidet? Ich vermute, daß uns eine ernsthafte vergleichende Pastoraltheologie noch viele Fragen stellen wird, was den Amtsstil bei uns betrifft. Diese Anfragen werden wir auf allen Ebenen stellen müssen.

Ich habe Bischöfe kennengelernt, die nach einer Begegnung mit ihren Amtsbrüdern in den jungen Kirchen eine tiefe biblische Umkehr durchgemacht haben. Sie haben nicht aufgehört, Amtsträger zu sein. Sie haben aber ihren Amtsstil verändert. Dasselbe gilt in abgewandelter Form für die übrigen Amtsträger und auch für die Pastoralexperten.

## 4. Theologie

Wir sind schon zuvor auf die Bemerkung des Bischofs gestoßen, daß dies keine akademische Theologie sei, sondern eine pastorale Theologie. Dabei darf nicht übersehen werden, daß auch Labayen in Rom akademische Theologie studiert hat und daher sehr wohl unterscheiden kann.

In der Tat, in Infanta habe ich in einer zweifachen Hinsicht eine andere Theologie kennengelernt, und dies ist eine Erfahrung, an der ich immer noch nage: Anders ist diese Theologie, was ihre Themen betrifft, anders ist sie in ihrer Entstehung und in ihrer Arbeitsweise.

Im Mittelpunkt stehen Themen, welche der Theologie von den alltäglichen gesellschaftlichen Lebensverhältnissen her aufgegeben werden. Es ist also nicht eine Theologie, die nach ihren gesellschaftlichen Auswirkungen fragt. Vielmehr ist der Ausgangspunkt der Reflexion der gesellschaftliche Alltag, und von da aus wird die theologische Tradition befragt. Gewiß, solchen theologischen Stil gibt es auch bei uns. Ich denke nicht zuletzt an die Methode der Arbeiterbewegung des Kardinals Cardijn. Wer aber in den Lebensverhältnissen der Philippinen auf diese Weise Theologie betreibt, stellt unweigerlich die Fragen nach der Bedeutung von Leiden und Sterben, von Tod und Auferstehung Jesu für die Geschichte des Volkes. Er entwirft eine Theologie der Sünde, die nicht nur die einzelne Tat bedenkt, sondern auch die aus Taten entsprungenen und durch Macht aufrechterhaltenen «sündigen Strukturen» untersucht. Diese Theologie kommt um die biblischen Figuren der «himmelschreienden Sünden» nicht herum, und die Kenntnis der Bibel zeigt, daß *diese immer soziale Ungerechtigkeit sind,* die zum Himmel schreit, und daß diese Sünde, die zum Himmel schreit, Gott als einen unbeirrbar treuen Anwalt der Armen erweist: Wobei dann eben jeder, der sich auf die Seite dieses Gottes schlägt, zu einem Anwalt der Armen werden muß.

Ohne daß damit die Themen dieser Theologie der christlichen Basisgemeinschaften erschöpft wären, soll angedeutet werden, wie diese Theologie entsteht. Ihr Ursprung ist die Arbeit in den Basisgemeinschaften selbst, sind deren Bibelgespräche, sind die Gottesdienste. Infanta hat über die diözesaneigene Rundfunkstation eine eigene Bibelschule aufgemacht. Jeden Freitagabend wird eine Stunde lang mit den Leuten die Bibel gelesen, wobei die eigentliche Arbeit nicht im Rundfunk geschieht (dieser gewährleistet nur, daß die Bibel gehört werden kann): Die entscheidende Arbeit geschieht in den Basisgemeinschaften, welche durch «layleader» geleitet sind. Ich habe selbst in einem Gottesdienst mit Katechistinnen in Manila erlebt, wie diese Christen mit der Bibel umgehen. Es ging um Feindesliebe. Im Rahmen des «sharing» nach dem Evangelium mahnten wir Europäer die Liebe auch zu den Feinden des Volks ein, zu den Reichen, zu den Unterdrückern. Schön, sagte dann eine Katechistin, aber wie sieht die Liebe aus? Ist es Liebe, wenn wir die Reichen weiterhin das Volk in Armut treiben lassen und die Mächtigen es weiterhin unterdrücken können? Ist es nicht größere Liebe, wenn wir gewaltlos der Unterdrükkung und Ausbeutung widerstehen, eben in der Hoffnung, daß auch die Reichen und Mächtigen aus der Gnade Gottes heraus eines Tages ihre Option für die Armen treffen?

Unsere Theologie dagegen? Immer wieder höre ich bei Ver-

anstaltungen, daß unsere Theologie unverständlich ist. Sie bewegt nicht viel. Exegetisch und dogmatisch würde die biblische Tradition derart zerdacht, daß man manchmal den Eindruck bekomme, die Menschen sollten durch die Theologen eher vor den in der Bibel überlieferten Provokationen geschützt als durch sie zu christlichem Handeln angestachelt werden. Im Gespräch mit dem Bischof fällt dann das Wort des «hairsplittings», der Haarspalterei. Von europäischer «Zuschauertheologie» ist die Rede.
Nun wird ja niemand leugnen, daß unsere akademische Theologie auch ihre Vorteile hat. Nicht zuletzt berufen sich ja auch Theologen in anderen Kontinenten auf europäische Theologen, wie etwa auf Karl Rahner. Doch kann nicht übersehen werden, daß es anderswo einen neuen Typ von Theologie gibt, der mit dem christlichen Leben, zumal in Christengemeinden, viel enger verknüpft ist. Vielleicht besteht der Unterschied zwischen diesen beiden Varianten theologischer Arbeit darin, daß wir darüber nachdenken, was andere (und auch wir) später tun sollen, während die Theologie in den anderen Kontinenten über das nachdenkt, was in christlichen Gemeinschaften schon gelebt wird. Deshalb stellt sich dort die bei uns so mühsame und doch zumeist uneingelöste Frage nicht, wie das theologisch Erdachte nachher ins Leben übersetzt werden könnte. Vielmehr hat dort die Praxis christlichen Lebens den Vorrang vor der theologischen Theorie, ohne daß damit diese Theologie ihre kritische Kraft gegenüber der Praxis verlieren würde. Für wen praktische Theologie nicht nur die Aufbereitung komplizierter theologischer Ergebnisse für das Volk ist, der ahnt, daß die Theologie aus den Basisgemeinden genau den Anspruch unserer europäischen praktischen Theologie einlöst; vielleicht hat eben deshalb umgekehrt die praktische Theologie bei uns den leichtesten Zugang zur Theologie der jungen Kirchen. Auch ist zu erwarten, daß theologische Erkenntnisse, die

im kirchlichen Prozeß christlicher Basiskommunitäten gewonnen werden, in der nächsten Zeit vor allem im Rahmen einer vergleichenden Pastoraltheologie in unser europäisches Denken Eingang finden können.

## 5. Solidarität mit den Verfolgten

Eine letzte Erfahrung aus meiner Begegnung mit Infanta verdient es, erzählt zu werden. Es ist die Berührung mit einer Kirche, die nicht nur eine Politik aus der Gottesverwurzelung betreibt, nach neuen Formen der Partizipation des Volkes sucht, für die kirchlichen Amtsträger einen neuen Stil entwickelt und inhaltlich und methodisch einen eigenwilligen Beitrag zur Fortentwicklung der Theologie bringt, sondern es ist nicht zuletzt eine Kirche, die verfolgt wird und die Märtyrer kennt. Vielleicht ist dies seit altersher das stärkste Argument für Orthodoxie gewesen, daß es Bekenner und Märtyrer gibt.
Wie sehr die Christen auf den Philippinen unter politischem Druck standen (und stehen?), wird dem unwiderlegbar klar, der einen Besuch im «Task Force for political detainees» in Manila macht. Dieses Büro für politisch Verfolgte wurde von der Vereinigung der Orden auf den Philippinen gegründet und wird von Schwester Marianne geleitet. Ihre Aufgabe besteht lediglich darin, die Übergriffe der Machthaber gegenüber dem Volk zu dokumentieren und zu veröffentlichen. Denn, so sagt man sich, wenn es für die Unbekannten einen Zuwachs an Öffentlichkeit gibt, sind sie auch sicherer. Ich habe in diesem Büro eine junge Frau getroffen, sie heißt Hildegard. Man hatte sie inhaftiert, weil sie dem knapp zuvor verhafteten Pastor Schmitt aus Deutschland Post bringen wollte, die dieser nach Deutschland mitnehmen sollte. Sie erzählte aus eigener Erfahrung, wie insbesondere Christen, die sich mit den Armen

zusammentun, in den Gefängnissen behandelt werden. Sie werden in unmenschlichster Weise gefoltert, mit Wasser vollgepumpt und dann auf den Bauch geschlagen. Frauen werden vergewaltigt. Andere hängt man an den Beinen auf, mißhandelt sie mit Stromstößen, sperrt sie in unmenschlichen Löchern ein. Nicht wenige verschwinden einfach und werden nicht mehr aufgefunden. Vor allem die hochmilitarisierte Insel Mindanao ist inzwischen zur Insel auch der Märtyrer geworden. So heißt es in einem Gedicht, das auf der Insel entstanden ist und die Verhältnisse eindrucksvoll wiedergibt:

MINDANAO,
Land voll Reichtum
Land der Goldgräber
Land reich an Holz
Land voll Bananen, Ananas, Kokosnüssen,
Palmöl, Zucker, Vieh
Land des Gummis
Land voll Weizen
MINDANAO,
Land der Konflikte
Land der Dörfervertreibung
Land der Überflutungen
Land der Märtyrer
MINDANAO,
blutendes Land
wir leben für dich und dein Volk
Muslime, Christen und ethnische Minderheiten,
die kämpfen und sterben, um frei zu werden!
MINDANAO,
Land der Hoffnung.

Die andere Strategie der Machthaber ist es, diese Arbeit der Christen als «subversiv» und «links» abzustempeln und als «kommunistisch» zu disqualifizieren. So erzählte Bischof Labayen, daß in der Regierungszeitung eines Tages die Schlagzeile stand: «Zwei Bischöfe und 19 Priester arbeiten mit Kommunisten zusammen.» Zwar habe sich am nächsten Tag die Zeitung von dieser Meldung distanziert, aber dann nur mit einer ganz kleinen Notiz an einem unbedeutenden Platz der Zeitung. Ein Bischof, eine Prälatur, die dem Volk seine Würde wiederzugeben versuchen, die dazu beitragen, daß die Leute selbst ihr Schicksal in die Hand zu nehmen lernen, um das Joch der Unterdrückung abzuschütteln, gelten natürlich zu Recht als «subversiv», sie bedrohen ja wirklich die vorfindbaren gesellschaftlichen Unrechtsverhältnisse. Deshalb ist die Unterdrückung dieser Volksbewegung und der sie tragenden Kirche durch die Machthaber eine logische Folge. Was die Kirche macht und in Bewegung bringt, ist für sie langfristig gefährlich und in der Tat «revolutionär»: Obwohl niemand bestreiten kann, daß zwischen dieser kirchengestützten gewaltlosen Umformung der Gesellschaft und der kommunistischen gewalttätigen Revolution ein enormer Unterschied besteht. Eben diesen Unterschied versucht die Regierung zumal auf der Bühne der Weltöffentlichkeit zu verwischen.

An dieser Stelle wird auch deutlich, was jüngste kirchenamtliche Aussagen über «die» Theologie der Befreiung, die hier inhaltlich gar nicht diskutiert werden, an politischen Nebenwirkungen längst zu zeitigen begonnen haben. Wider die Wahrheit wird im innerkirchlichen Dialog der Versuchung nicht ausreichend widerstanden, anstelle von vielen Spielarten von Befreiungstheologien doch nur von *der* «Theologie der Befreiung» zu reden. Eben diese «Theologie der Befreiung» wird dann als marxistisch gebranntmarkt, obwohl nur eine der mindestens drei Spielarten von dieser Gefahr betroffen ist. Eben durch solche vereinfachende Warnungen wird genau jenen Machthabern in die Hände gearbeitet, welche die Arbeit der Kirche mit den

Armen insgesamt verhindern wollen: Was sie eben nicht zuletzt dadurch zu erreichen versuchen, diese Praxis der Kirche als marxistisch zu denunzieren, wohl wissend, daß genau dies nicht der Fall ist.

Solidarität zwischen den Ortskirchen ist nun sicherlich die Grundlage zu einer gegenseitigen theologischen Unterstützung, zu der auch gegenseitige Kritik zählt. Doch darf diese theologische Auseinandersetzung nicht dazu führen, daß das Leid der ohnedies schon Verfolgten durch kirchliche Unbedachtsamkeit noch weiter vermehrt wird. Mir ist sehr eindrucksvoll in den Ohren, wie uns Christen aus Infanta zum Abschied auf unsere Frage, was sie sich von uns europäischen Christen erwarten, die Bitte mitgegeben haben, sie wünschten sich ein hohes Maß an Verständnis und Solidarität mit ihnen. Dies sei ihnen noch weitaus wichtiger als das viele Geld, das wir ihnen schon über Jahre mit unseren theologischen und pastoralen Modellen gegeben hätten. Es ist mir ein tiefes Anliegen, getragen durch meine Begegnung mit Infanta, diese Bitte weiterzugeben.

# Anmerkungen

[1] *Constantino R.:* The Philippines. A Past Revisited, Quezon City 1975, 12.

[2] Vgl. zum folgenden: *Glazik J.:* Die Mission der Bettelorden außerhalb Europas, in: Jedin, H. (Hg.): Handbuch der Kirchengeschichte, Freiburg, Basel, Wien, Band III/2, 1968, 488 ff; ebenso *Glazik J.:* Mission im spanischen Patronatsgebiet, in: ebd. Band IV, 606 ff. Auch *Schumacher J. N. SJ:* Readings in Philippine Church History, Ateneo de Manila 1979.

[3] *Glazik:* Mission im spanischen Patronatsgebiet, a. a. O. 607 f.

[4] Auch zum folgenden: *Constantino,* a. a. O., 33 ff.

[5] Auch zum folgenden: *de Salazar, Domingo:* Affairs in the Philippines Islands, in: Emma H. Blair and James A. Robertson: The Philippine Islands 1493–1898, Cleveland 1903–1909, Vol. V, 223 ff.; auch *de Morga, Antonio:* Sucesos de las Islas Filipinas, Liberia de Granier 1890, 295 ff.

[6] *Schuhmacher,* a. a. O. 18 ff., auch zum folgenden.

[7] *Schuhmacher* berichtet ausführlich über den Kampf der Mönche für mehr Gerechtigkeit, a. a. O. 22 ff. – *Monanza Sr. Mary John,* eine philippinische Benediktinerin, berichtet in einer noch unveröffentlichten Studie über die Geschichte der Philippinen sehr eingehend über das Engagement vieler Mönche und ihre teilweise sehr kritische Haltung den spanischen Eroberungsmethoden gegenüber. Daneben führt sie aber auch die Tendenzen zur Machtpolitik auf seiten anderer Mönche an.

[8] *Constantino:* a. a. O. 67.

[9] *Schuhmacher:* a. a. O. 67 ff. – Sicher gehen solche Anklagen auf Tatsachen zurück, denn es ist wohl nicht zufällig, daß die fünf Provinzen, in denen die Mönche mehr als die Hälfte des Agrarlandes besaßen, zum Ausgangspunkt der philippinischen Revolution wurden. Andererseits muß auch darauf hingewiesen werden, daß die Mönche bei der spanischen Kolonialbehörde nicht beliebt waren, wegen ihrer anklagenden Haltung beim König. Bei den Bischöfen waren sie nicht beliebt, weil sie sich nicht der bischöflichen Jurisdiktion unterwarfen. Der Kampf gegen das Recht des Bischofs zur Visitation in den Pfarreien, von den Mönchen geführt, dauerte 200 Jahre. So wurden auch Versuche unternommen, die Mönche beim König und beim Volk in Mißkredit zu bringen.

[10] Vgl. dazu *Schuhmacher,* a. a. O. 201 ff.

[11] Im Januar 1902 unterzeichneten 17 Priester erneut einen Brief an den Papst, alle Ämter in der Kirche den philippinischen Priestern anzuvertrauen, andernfalls würden sie ihre eigene Kirche gründen. Am 3. 8. 1902 war die Iglesia Filipina Independiente gegründet.

[12] Zum folgenden: *Kolb, Albert:* USA und die Philippinen, Essener Verlagsanstalt 1942. Kolb berichtet über die unrechtmäßige Einverleibung der Philippinen durch die Amerikaner und das brutale Niederschlagen jeder Selbständigkeitsbewegung.

[13] *Schott J. L.:* The Ordeal of Samar, New York, Indianapolis 1964.

[14] *Dabalus m. Irene OSB, Manila:* Verlebendigung einer alten Missionskirche am Beispiel der Philippinen, in: Ordenskorrespondenz, 19. Jg. 1978, Heft 4, 419–431.

[15] Vgl. *Bolasco, R. Yu Mario:* Church-State Relations, Manila 1981.

[16] *Werning, Rainer:* Agrarreform und Kriegsrecht auf den Philippinen. Anatomie einer Pazifizierung, Münster 1983, 14 ff.

[17] *Villote, Fr. Ben:* Robot Church, in: Free Press, März 1968. Wegen dieses Artikels wurde Villote seine Pfarrei entzogen.

[18] *Graham, Helen* (u. a., Hg.): How Long? Prison Reflections of Karel Gaspar, Quezon City 1984, 230.

[19] Rede zum 25. Jahrestag der Fastenaktion der holländischen Bischöfe, aus dem Englischen übersetzt von J. Dieterich, Missio, München. Auszüge zu dieser Rede befinden sich in: Weltkirche, 3 (1985) 68–70.

[20] Evangelii nuntiandi vom 8. 12. 1975, Nr. 58 (Apostolisches Schreiben Papst Pauls VI. über die Evangelisierung in der Welt von heute: Sekretariat der Deutschen Bischofs-Konferenz, Bonn, Kaiserstr. 163).

[21] Siehe dazu *Gotthold Hasenhüttl:* Freiheit in Fesseln. Die Chancen der Befreiungstheologie, Walter, Olten 1985, für Südamerika, und *Joseph G. Donders:* Afrikanische Befreiungstheologie. Eine alte Kultur erwacht, Walter, Olten 1986.

[22] Siehe Pressedienst der Deutschen Bischofs-Konferenz, Bonn, Kaiserstr. 163: Botschaft . . . Nr. 9.

[23] Oscar Arnulfo Romero, Erzbischof von San Salvador, ermordet am 24. 3. 1980. Text des Hirtenbriefes vom Aug. 1978 in: *Oscar Arnulfo Romero.* Blutzeuge für das Volk Gottes, Walter, Olten 1986; ferner in: EPD Dokumentation Nr. 4/79.

[24] Gaspar Karl, philippinischer Wirtschaftswissenschaftler, bis 1980 Generalsekretär der katholischen Mindanao-Sulu-Pastoral-Konferenz (MSPC), in Menschenrechtsorganisationen tätig, von März 1983 bis Februar 1985 ohne Anklage in Haft.

[25] Siehe *Oscar Arnulfo Romero.* Blutzeuge für das Volk Gottes (Repräsentant der Befreiungstheologie), Olten 1986; EPD Dokumentation Nr. 4/79, 40–62.

[26] Bishop's Institute for Social Action, vgl. missio-informationen 6/79, München.

[27] Botschaft von Papst Johannes Paul II. zur Feier des Weltfriedenstages am 1. Januar 1985, Nr. 8. Siehe Anm. 22.

[28] Siehe hierzu *Kassel, Maria:* Das Auge im Bauch. Erfahrungen mit tiefenpsychischer Spiritualität, Walter, Olten 1986.

[29] Vgl. *Köster F.:* Religiöse Erziehung in den Weltreligionen. Hinduismus, Buddhismus, Islam. Darmstadt.

[30] *Schuhmann W.:* Buddhismus. Stifter, Schulen und Systeme, Walter, Olten, 4. Auflage 1985; *Torwesten H.:* Vedanta. Kern des Hinduismus, Walter, Olten 1986; *Thieme P.:* Upanishaden, Stuttgart (Reclam) 1977, 43 ff.; auch *Hillebrandt A.:* Upanishaden. Die Geheimnislehre der Inder, Düsseldorf/Köln 1977.

[31] *Stählin W.:* Macht und Ohnmacht der Ratio im europäischen Erbe, in: Abendländische Akademie (Hg.): Das europäische Erbe, Nürnberg 1963, 97–111, hier 103 ff.

[32] *Elwood D.-J.* (Hg.): Wie Christen in Asien denken. Ein theologisches Quellenbuch, Frankfurt 1979. Auch *Waldenfels H.* (Hg.): Theologen der Dritten Welt, München 1982.

[33] *Gebser J.:* Die Komplementarität abendländischer und asiatischer Technik, in: Zacharias, G. (Hg.): Dialog über den Menschen. Eine Festschrift für Wilhelm Bitter, Stuttgart 1968, 199–206, hier 206.

[34] *Hanssler B.:* Der neue Humanismus und das Christentum, München 1968, 15.

[35] Evangelii nuntiandi (1975) Nr. 20.

[36] Siehe: *Dom Hélder Câmara:* Gott lebt in den Armen (Repräsentanten der Befreiungstheologie) Walter, Olten 1986; siehe auch: Geist und Leben 6 (1984) 438–450.

[37] *Sayer, J.,* in: Schlegelberger, B. (u. a. Hg.): Von Medellin nach Puebla, Düsseldorf 1980, 118.

[38] Siehe *Hasenhüttl G.:* Freiheit in Fesseln. Die Chance der Befreiungstheologie, Walter, Olten 1985.

[39] *Gutierrez G.,* in: Goldstein, H. (Hg.): Befreiungstheologie als Herausforderung, Düsseldorf 1981, 199 (Anm. 49).

[40] Siehe *Donders J. G.:* Afrikanische Befreiungstheologie. Eine alte Kultur erwacht, Walter, Olten 1986; *Hasenhüttl G.:* Freiheit in Fesseln. Die Chance der Befreiungstheologie, Walter, Olten 1985.

[41] Dinalungan, Casiguran, Dilasag, Baler, San Luis, Maria Aurora, Dipaculao, Dingalan, Real, Infanta, Nakar, Burdeos, Patnanungan, Jomalig-Polillo, Panukulan.

[42] Gaudium et Spes, Nr. 4.

[43] Gaudium et Spes, Nr. 1.

[44] Jer 31, 33; Ez 36, 28.

[45] Gaudium et Spes, Nr. 42.